ISTINE O SUNČEVIM ZNACIMA

DUBLJI POGLED U PRIRODU SUNČEVIH ZNAKOVA PREMA UČENJU ĐOTIŠ KLASIKA *ĐATAKA PARIĐATE*

Branka Larsen

Izdavač:

RAMA
Signalvej, 2860 Søborg
Tel: +45 22965939
www.rama-edu.com

Naslov originala:

Truths about the Sun signs
Autorska prava ©2020 RAMA

Prevod i lektura:

Tijana Damijanović

Ilustracija na korici:

Mladen Lubura

Molitva

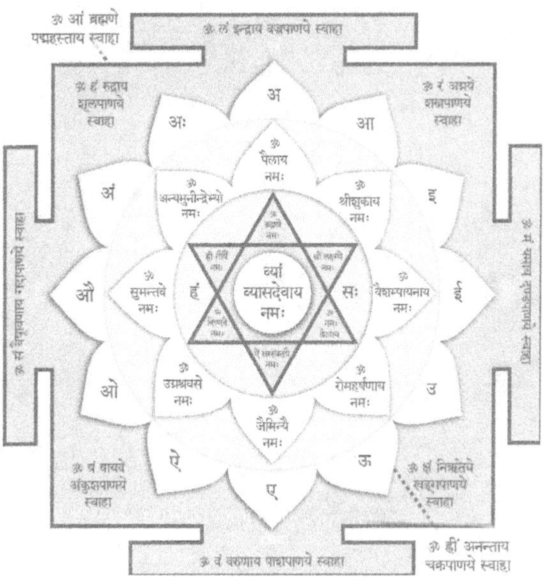

ॐ नमो भगवते वासुदेवाय
om namo bhagavate vāsudevāya

Posveta

Sa neizmernom zahvalnošću prinosim ovo delo stopalima svog đotiš gurua, pandita Sandžaja Rata, kojem dugujem celokupno svoje đotiš znanje.

Sadržaj

Uvod

Pre više od decenije moj đotiš guru, pandit Sandžaj Rat, tražio je od mene da uradim temeljnu studiju i napišem komentare za đotiš klasik *Đataka pariđatu*. U isticanju značaja ovog dela velikog Šri Vaidjanata Dikšite nemoguće je preterati. Ono što *Đataka pariđatu* čini jedinstvenim delom je zgusnuto znanje kao rezultat proučavanja velikih đotiš tekstova poput Parašare, Garge i drugih, i, prema rečima samog autora, ono je nastavak čuvenog dela *Saravali* autora Kaljana Verme.

Dok se u opsegu celokupnog dela *Đataka pariđate* nalazi kompletna đotiš šastra, knjiga koja je pred vama bavi se isključivo sabranim znanjem o Sunčevim znacima. Podeljena je na dva dela. Prvi deo posvećen je detaljnoj analizi različitih osobina i obeležja Sunčevih znakova, a drugi deo knjige bavi se podelama znakova koje koristimo za izvođenje podelnih karti (vargi).

Uloga ove knjige je dvostruka. Njom želim da inspirišem i ohrabrim sve đotišije, bez obzira na nivo njihovog astrološkog znanja ili poznavanja sanskrita, da zarone dublje u ovaj magični svet đotiš klasika. Svi dati prevodi su rad drugih izučavalaca, otvoreni su za interpretacije i predstavljaju izuzetnu prilliku za usavršavanje znanja. Nadam se takođe da će ova knjiga inspirisati astrologe da posvete više vremena temeljnim studijama bazičnih koncepata đotiša, uključujući dvanaest znakova. Pred vama je veći deo Raši adhjaje, odnosno prvog poglavlja Đataka pariđate.

Posebna zahvalnost

Ova knjiga ne bi bila moguća bez znanja i vođstva mog đotiš učitelja pandita Sandžaja Rata kao i nasleđa Šri Aćjute Dasa iz Orise.

Neizmernu zahvalnost dugujem svom mužu na njegovoj beskrajnoj podršci i na dragocenim smernicama u toku procesa stvaranja knjige.

Želim da zahvalim svom lektoru i korektoru Tijani i ilustratoru Oliveri na njihovoj pomoći i strpljenju za moju viziju kao i Mladenu za vizuelno rešenje dizajna korica knjige.

Śrivedavyāsārpanamastu

Branka Larsen
23rd of August in Søborg, Denmark
WebPage: https://brankaastro.com/

Uvodna molitva

Mangalačaranam

अथ जातकपारिजातप्रारम्भः
atha jātakapārijātaprārambhaḥ

Prevod: Sada počinje Đataka pariđata. [1]

Jāta-ka (đataka) – Najučestaliji prevodi reči '**jāta**' su: *rođen, početi egzistenciju, stvoren, uzgojen, proizveden, nastao, uzrokovan i pojaviti se*. Slog '**ka**', poznat i kao Brama akšara ili Bramin slog, govori o tome da se neki događaj manifestovao, odnosno da su se rođenje ili nastanak manifestovali ili da je stvoren život.

Prema tome, sam naziv ovog spisa govori o tome da se on bavi samo natalnim kartama, ili preciznije – kartama bića koja su rođena.

Donja tabela prikazuje različite delove astrologije i u njoj možemo videti da se Đataka pariđata bavi jednim delom ili udom (angom) hora skande.

---

1   Reč *atha* koja se javlja u klasičnim vedskim spisima i koja znači *sada*, nama može zvučati izlišno jer oblik prezenta glagola govori o tome da se nešto dešava u sadašnjosti. Ova reč je, međutim, značajna i ne bi je trebalo izuzimati iz prevoda. Upućuje na to da se znanje otkriva upravo u ovom momentu, da je zato taj trenutak objave od naročite važnosti jer se ona nije dogodila nikada pre, da je zbog znanja koje će biti objavljeno trenutak jedinstven i značajan.

Tabela 1: Delovi đotiša (Harihara, 1980)

Skanda	Anga
Ganita	Gola i Ganita
Samhita	Nimita
Hora	Đataka, Prašna, Muhurta i Nimita

Važno je zato naglasiti da se ovo delo Šri Vaidjanat Dikšite bavi specifično natalnim horoskopom, a ne nekim drugim delom đotiša. On se posmatra i proučava sa četiri različita aspekta: adana (začeće), đataka (rođenje), punja (smrt) i daša/titi praveša (karte kojima se obeležava početak astrološkog perioda).

Pārijāta (pariđata) je drugi naziv za nebesko drvo ili drvo želja. Pariđat je jedno od pet rajskih drveta nastalih u vreme bućkanja okeana (*Samudra mantan* o kojem se govori u *Puranama*).[2] Danas, ono je poznato kao koralno indijsko drvo, noćni koralni jasmin ili Erythrina Indica.

Ovo drvo želja simboliše: 1) Kundalini sa korenom u muladara čakri koja predstavlja Zemlju i odnosi se na bazu, osnovu i seme iz kojeg drvo izrasta, dok njegove grane dosežu sahasrara lotos ili krunsku čakru; 2) Nebesko drvo čiji je koren na nebu i na čijim granama sedi bog i dodeljuje zaslužene plodove ljudima[3].

Reč *pārijāta* može se podeliti na dva dela: pāri, što znači *okolo*, I jāta, što znači *stvoreno* ili *rođeno* te je reč zato moguće interpretirati kao ciklus rađanja ili karmički ciklus koji i jeste predmet ove studije.

Prārambhah (prarambhaha) znači *početak* ili *preduzimanje*. Kao što vidimo, naslov upućuje na dubinu astrološke studije čija svrha je uzdizanje onih koji su rođeni do viših nivoa egzistencije gde je ultimativni cilj oslobađanje individualne duše iz vrtloga karme.

अथ राशिशीलाध्यायः॥ १॥

atha rāśiśīlādhyāyaḥ || 1||

Prevod: Sada počinje poglavlje o oblicima znakova.

Komentar: Reč śīla (šila) znači *oblik* ili *formu* i kao takva u prethodnom stihu može se interpretirati kao - različiti tipovi znakova koji će biti otkriveni. Drugo značenje odnosi se na – običaj, praksu, upotrebu i može značiti da o osobinama znakova autor govori onako kako se to činilo u tradiciji.

श्रीकान्ताजशिवस्वरूपममरज्योतिर्गणस्वामिनं
मायातीतमशेषजीवजगतामीशं दिनेशं रविम्।
नत्वा गर्गपराशरादिरचितम् सण्गृह्य होराफलं
वक्ष्ये जातकपारिजातमखिलज्योतिर्विदां प्रीतये॥ १॥

śrīkāntājaśivasvarūpamamarajyotirgaṇasvāminaṁ

māyātītamaśeṣajīvajagatāmīśaṁdineśaṁravim |

natvāgargaparāśarādiracitamsaṅgṛhyahorāphalaṁ

vakṣyejātakapārijātamakhilajyotirvidāṁprītaye || 1||

Prevod: Neka su hvaljeni Sunce, gospodar dana, Višnu, Brama i Šiva, gospodar besmrtnih gana svetlosti koji je iza (u potpunosti prevazišao) Maju (iluziju) rođenja i koji gospodari univerzumom. Predstavljam ovde Đataka pariđatu kao kompletnu đotir vidju na zadovoljstvo svih, kao objavu rezultata rada na horoskopima koje su izložili Garga, Parašara i drugi.

Komentar: Prvi stih predstavlja mangalačaranam ili uvodnu molit-vu. Uobičajena praksa je početi duhovno utemeljne aktivnosti kao što je Đotiš vedanga[4] molitvom kako bi se dobile podrška i blagoslov za rad. Običaj je početi odavanjem poštovanja i priznanja svom vrhovnom božanstvu koji će simbolički predstavljati delo. Vidimo da autor Đataka pariđate slavi boga Višnua (u specifičnom obliku kao onoga koji je voljen od strane Šri ili Šrikante), Bramu, Sunce kao gospodara dana, kao i Šivu koji je po svemu sudeći vrhovno božanstvo ovog duhovnog poduhvata s obzirom na dužinu autorove pohvale.

On slavi Šivu kao gospodara besmrtnih đotir gana, kao onoga ko je u potpunosti transcendirao iluziju (Maju) a koja je uzrok neprekidnih ciklusa rođenja, i u isto vreme slavi ga kao Đaganata ili gospodara univerzuma (jagatāmīśaṁ).

U prvoj šloki (stihu) autor upućuje na dva ključna aspekta svog dela. Prvo, knjiga za fokus ima horafalu (*horāphalaṁ*) ili interpretaciju planetarnih pozicija u horoskopu i njena četiri apsekta ranije spomenuta, a ne druge delove đotiša, odnosno samhitu i ganitu. Drugo, celokuno delo zasnovano je na đotiš klasicima, od kojih su posebno naglašena dela Garge i Parašare.

भारद्वाजकुलोद्भवस्य विदुषः श्रीवेंकटाद्रेरिह।
ज्योतिःशास्त्रविशारदस्य तनयः श्रीवैद्यनाथा सुधीः।
होरासारसुधारसज्ञविबुधश्रेणीमनःप्रीतये।
राशीस्थाननिरूपणादि सकलं वक्ष्ये यथाऽनुक्रमत्॥ २॥

bhāradvājakulodbhavasyaviduṣaḥśrīveṁkaṭādreriha |
jyotiḥśāstraviśāradasyatanayaḥśrīvaidyanāthāsudhīḥ |
horāsarasudhārasajñavibudhaśreṇīmanaḥprītaye |
rāśisthānanirūpaṇādisakalaṁvakṣyeyathā'nukramat || 2||

---

4   Vedanga je sačinjena od dve reči (Veda + Anga) i označava ud ili deo Veda. Đotiš je vedanga ili jedan od šest delova ili udova celokupnog tela Veda.

Prevod: Ja, mudri Vaidjanata, sin učenog Venkatadrija i potomak Baradvađa familije, koji posedujem izuzetnost u poznavanju đotiša šastre, opisaću u uobičajenom redosledu celokupni predmet (astrologije) počevši od definicije pozicije znakova kako bih pružio umni užitak mnogobrojnim učenjacima ovim znanjem horašastre prepunim nektara.

Komentar: Autor nastavlja svoje delo na veoma tradicionalan način počinjući drugu šloku iznoseći svoje, ime svoga oca kao i porodičnu gotru (poreklo, liniju, lozu). U tradiciji je uobičajeno početi delo otkrivajući svoj identitet (kao deo porodične loze) i istovremeno slaveći svoje pretke. Iznošenje svoje gotre je od izuzetnog značaja i neizostavni je deo svih hinduističkih ceremonija.

Prema vedskim spisima, sva živa bića potiču od deset mudraca ili Prađapatija: Maričija (kasnije Kašjape), Vasište, Angirasa, Atrija, Pulastrje, Pulahe, Kratua, Brigua, Narade i Dakše. Bharadvađ gotra izvorno potiče od Kratu Bramarišija i oni koji pripadaju Bharadvađ gotri za svog pretka smatraju Bharadvađa. Time nasleđuju nešto od čuvene gladi za znanjem zbog koje je ovaj mudrac bio slavljen u spisima.

Autor upotrebljava reč rasađna (*rasajña)* koja označava nektar znanja, ali reč *rasa* takođe može da se odnosi i na sedam okeana kroz koja Sarasvatl stvara sedam loka (viših nivoa egzistencije) i zbog toga je referenca za kreaciju.

Na kraju, autor upućuje na one koji će biti uživaoci njegovog dela, odnosno na poznavaoce hora šastre. Dakle, ova knjiga je namenjena onima koji su već upućeni u materiju izučavanjem Parašare i drugih đotiš klasika. Reč *vibuda* upotrebljena je da opiše tip inteligencije ili znanja kao odliku onih koji zaslužuju da prime viđnjanu (vijñana)[5].

---

5   Vijñāna – viđnjana, označava i obuhvata znanje, veštinu diskriminacije, razumevanja, prepoznavanja i inteligentne upotrebe znanja.

प्रणम्य वन्दारुजनाभिवन्द्यपदारविन्दं रघुनायकस्य।
सङ्गृह्य सारावलिमुख्यतन्त्रं करोम्यहं जातकपारिजातम्॥ ३ ॥

praṇamyavandārujanābhivandyapadāravindaṁraghunāyakasya |
saṅgṛhyasārāvalimukhyatantraṁkaromyahaṁjātakapārijātam ||
3||

Prevod: Klanjajući se lotosovim stopalima boga Ragua pristupam radu na Đataka pariđati, sažimajući *Saravalija*, najvažnije među naučnim delima.

Komentar: Ovim se autor poklanja (čini pranam) lotosovim sto-palima boga Ragua (raghunāyakasya) čija loza prati svoje poreklo do Surje Ragunata, što znači da je ovo hvalospev samom Rami za kojeg se smatra da je bio najbolji od svoje loze zbog čega je poznat kao Ragunat. Neki od najvećih kraljeva ratnika, poput Dašarata i Šri Rame lično, pripadaju istoj dinastiji Sunca. Šri Ram je Višnuov avatar predstavljen Suncem u horoskopu, koje je u isto vreme i glavni signifikator darme (pravednosti) i satje (istine) u ovoj Buloki.

U drugoj polovini iste šloke, autor izjavljuje da je ono što sledi nastavak dobro poznatog dela *Saravali*, autora Kaljan Verme, sa dodatkom posebnih znanja u oblasti joga, bavafala, zatim bava poput kalačakre, vimšotari daše itd. Autor opisuje delo *Saravali* kao *mukya što znači prvi, osnovni, vođa, vodič, najbolji među*, i kao *tantra* koja označava *naučni rad* ili *doktrinu, pravilo, teoriju* i slično.

Tako se završava mangalačaranam ili uvodna molitva dela poznatog kao Đataka pariđata.

om tat sat

Imena rašija (znakova)

atha rāśīnāṁ saṁjñaviśeṣāḥ |

Prevod: Sada sledi posebno znanje (sećanje) o znacima.

Komentar: U ovoj, na prvi pogled jednostavnoj i jasnoj izjavi, posto-ji delić informacije sakrivene u izboru reči od strane autora. Mudri Vaidjanat koristi dva termina: *saṁjña* and *viśeṣāḥ*.

Saṁjña (samđnja) opisuje dato znanje kao potpuno i može se protezati čak do šaštijamša nivoa znanja (ṣaṣṭiyaṁśa je glavna podelna karta za čitanje celokupne karme iz prethodnog života čije je jedno od naziva saṁjña) ili znanja koje je probuđeno iz sećanja na prethodna rođenja.

Viśeṣāḥ (višešaha) ima različita značenja: poseban, neobičan, drugačiji, osebni i vrhovni. Na ovaj način autor objavljuje da će se naredne šloke baviti jedinstvenim i superiornim znanjem o datoj oblasti, odnosno o znacima[6].

मेषाजः विश्वक्रियतुम्बुराद्या वृषाभगोतावुरुगोकुलानि।
द्वन्द्वं नृयुग्मां जुतुमं यमं च युगं तृतीयं मिथुनं वदन्ति॥ ४॥

---

6   Viśeṣāḥ je i poznati specijalni ascendant. Prema panditu Sanđaju Ratu, neki od najvažnijih specijalnih ascendenata su: hora, bava, gatika, vigatika i pranapada lagna.

meṣājaḥ viśvakriyatumburādyā vṛṣābhagotāvurugokulāni |
dvandvaṁ nṛyugmāṁ jutumaṁ yamaṁ ca yugaṁ tṛtīyaṁ
mithunaṁ vadanti || 4||

Prevod: Prvi znak je astrolozima poznat kao Meša, Ađa, Višva, Krija, Tumbura ili Adja; drugi kao Vrišaba, Go, Tavuru ili Gokula; treći kao Dvandva, Nrijugma, Đutuma, Jama, Juga ili Mituna.

Komentar: U gornjoj šloki autor daje različita imena za svaki od tri znaka. Njegova namera ovde je da otkrije i poduči o mnogobrojnim aspektima i o prirodi znakova, doprinoseći tako temeljima đotiša datim u klasicima poput *Brihat Parašara hora šastre*, *Saravalija* i drugih koji su tradicionalno koristili jedan naziv za svaki astrološki znak.

Ovo su neka od značenja i implikacija datih imena prva tri znaka:

Prvi znak: Ovan

Meša (ovan, ovca ili prvi znak Zodijaka);
Ađa (vođa stada, jarac, znak Ovan,
vozilo Agnija, zrak Sunca)

Višva (sveprisutan, primenljiv na Višnua
ili Krišnu kao sveprožimajući, ceo,
celokupan, univerzalni, jedan od jezika
Agnija);

Krija (znak Ovan);

Tumbura (moguća referenca na muziku, Tumbura ili Tumbara je nebeski muzičar, najbolji među Gandarvama koji peva pohvale Višnuu);

Adja (onaj koji je na početku, prvi, ispred, bez presedana, izuzetan).

Drugi znak: Bik

Vrišaba (muški, moćan, energičan, jak, bik, horoskopski znak Bika, gospodar među najboljima;

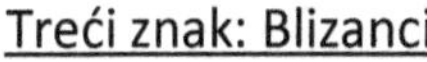

Go (krava, stoka, krdo stoke, ljubazan, bilo šta što potiče od krave ili bika, znak Bik),

Tavuru (znak Bik);

Gokula (neko krdo, mesto gde žive krave).

Treći znak: Blizanci

Dvandva (par, muško i žensko, dvostruko, licem u lice, par suprotnosti, uporište, tvrđava, seksualno jedinstvo, znak Blizanci);

Nrijugma (zodijački znak Blizanci);

Đutuma (znak Blizanci);

Jama (vozač, kočijaš, uzdržanost, blizanci, ono što čini par, blizanci različitog pola, simbolika broja dva, onaj koji predsedava pitrisima i vlada duhovima umrlih, rođen od Sunca, par, zagrljaj);

Juga (par, grliti);

Mituna (spareni, koji čine par, uparivanje, seksualno sjedinjavanje, znak Blizanci ili treći znak).

कुलीरकर्कटककक्रक्रकटाख्याः कण्ठीरवः सिंहमृगेन्द्रलेयाः।
पाथोनकन्यारमणीतरुण्यस्तौली वणिक्जूकतुलाधटाश्च॥ ५॥

kulīrakarkaṭakakakrkaṭākhyāḥ kaṇṭhīravaḥ siṁhamṛgendraleyāḥ |
pāthonakanyāramaṇītaruṇyastaulī vaṇikjūkatulādhaṭāśca || 5||

Prevod: Četvrti znak zove se Kulira, Karkataka ili Karkata; peti znak je Kantirava, Simha, Mrigendra ili Leja; šesti znak zove se Patona, Kanja, Ramani ili Taruni; sedmi je Tauli, Vanjik, Đuka, Tula ili Data.

Komentar: Autor nastavlja na isti način pripisujući različita imena za sledeća četiri znaka time otkrivajući mnoge njihove vitalne aspekte.

Četvrti znak: Rak

Kulira (rak, simbol zodijačkog znaka Rak);

Karkataka (beo, rak, znak Rak);

Karkata (isto kao Karka).

Peti znak: Lav

Kantirava (lav, rika iz grla, rika, vikati, plakati, zavijanje divlje životinje ili zveri, buka, zvuk);

Simha (moćan, lav, zodijački znak Lav, kralj);

Mrigendra (kralj zveri, lav, znak Lav,

kralj, dominacija nad životinjama, lavlja usta, lavlje stanište);

Leja (zodijački znak Lav).

Šesti znak: Devica

Patona (znak devica);

Kanja (devojka, devica, ćerka, znak Devica, ženka bilo koje životinje, čedna);

Ramani (prelepa mlada žena, ljubavnica);

Taruni (mladost, mlad, nežan, maloletnik, nov, svež, tek uzdigli, mlada žena).

Sedmi znak: Vaga

Tauli (vaga, težina);

Vanjik (trgovac, trgovina, saobraćaj, trgovinska razmena, zodijački znak Vaga);

Đuka (znak Vaga);

Tula (vaga, težina, porediti, biti u ravnoteži sa, sličnost, jednakost, znak Vaga);

Data (vaga ili tas vage, zodijački znak Vaga).

अत्यष्टमं वृश्चिककौर्पिकीटाः धन्वी धनुश्चापशराशनानि।
मृगो मृगास्यो मकरश्च नक्रः कुम्भो घटस्तोयधराभिधानः॥ ६॥

alyaṣṭamaṁ vṛścikakaurpikīṭāḥ dhanvī dhanuścāpaśarāśanāni |
mṛgo mṛgāsyo makaraśca nakraḥ kumbho ghaṭastoyadharābhid-
hānaḥ || 6||

Prevod: Osmi znak zove se Ali, Vriščika, Kaurpi ili Kita; deveti je
Danu, Čapa ili Šarašana; deseti se zove Mriga, Mrigasja, Makara ili
Nakra; jedanaesti je Kumba, Gata ili Trojadara.

Osmi znak: Škorpija

Ali (Škorpija, zodijački znak Škorpija,
onaj koji ima žaoku);

Vriščika (škorpija, zodijački znak Škor-
pija, stonoga, ženska škorpija);

Kaurpi (znak Škorpija);

Kita (insekt, Škorpija u Zodijaku);

Deveti znak: Strelac

Danu (luk, zodijački znak Strelac, na-
oružan lukom);

Čapa (luk, Strelac);

Šarašana (odapeta strela, sin
Dritaraštre, tetiva luka, držač za strele,
strelac, vešt u streljaštvu);

<u>Deseti znak: Jarac</u>

Mriga (jelen ili antilopa, šumska životinja ili divlja zver, mošusni jelen, Mrigašira nakšatra ili zodi-jački znak Jarac, takođe i desetina luka od 30 stepeni);

Mrigasja (imati lice ili glavu jele-na, znak Jarac);

Makara (vrsta morskog čudovišta sličnog krokodilu, deseti znak Zodijaka);

Nakra (krokodil, aligator).

<u>Jedanaesti znak: Vodolija</u>

Kumba (posuda, vrč, posuda za vodu, znak Vodilija);

Gaṭa (tegla, vrč. veliki zemljani sud za vodu, zaustavljanje vazduha kao deo duhovne vežbe poznate kao pranajama);

Tojadara (koji sadrži vodu).

मीनान्त्यमत्स्यपृथुरोमझषा वदन्ति दस्त्रादिकर्क्षनवपादयुताः क्रियाद्याः।
चक्रस्थिता दिविचरा दिननाथसंख्याः क्षेत्रर्क्षराशिभवनानि भसंज्ञिता-
नि॥ ७॥

mīnāntyamatsyapṛthuromajhaṣā vadanti dastrādikarkṣanavapāday-
utāḥ kriyādyāḥ |
cakrasthitā divicarā dinanāthasaṃkhyāḥ kṣetrarkṣarāśibhavanā-
ni bhasaṃjñitāni || 7||

Prevod: Dvanaesti znak poznat je kao Mina, Antja, Matsja, Prituroma ili Đhasa. Krija i drugi znaci Zodijaka koji se kreću kružno na nebu sastavljeni su od devet zvezdanih delova računajući od Dastre. Zovu se Kšetra, Rikša, Raši, Bavana i Ba.

Komentar: Prvi deo šloke date gore otkriva različite nazive poslednjeg znaka Zodijaka, odnosno Riba.

Ovi nazivi su:

Mina (riba ili zodijački znak Riba);

Antja (poslednji u nizu, vremenu ili mestu, onaj koji neposredno sledi, dvanaesti znak Zodijaka);

Prituroma (onaj koji ima vagu, riba, zodijački znak Riba. *Roma* takođe označava dlakavost ili prekrivenost dlakama što je osobina ovog znaka);

Đhasa (velika riba, riba, znak Riba).

Nazivi pokazuju drugačije aspekte prirode ovog znaka, naime simbol ribe, kao poslednji od dvanaest znakova, nalazi se na samom kraju i upućuje na kraj ciklusa rađanja.

Ovi sinonimi generalno se koriste sa ciljem otkrivanja različitih aspekta znakova i njihove mnogostruke upotrebe u vedskoj astrologiji što odgovara kompleksnosti ljudskog života.

Tabela 2: Vedski nazivi dvanaest znakova

Ime znaka	Vedski naziv, BPHŠ	Drugi nazivi prema Đataka pariđati
Ovan	Meša (Meṣa)	Meša, Ađa, Višva, Adja, Krija, Tumbura
Bik	Vrišaba (Vṛṣābha)	Vrišaba, Tavuru, Gokula, Go
Blizanci	Mituna (Mithuna)	Dvandva, Đutuma, Jama, Juga, Nṛijugma, Mituna
Rak	Kark (Karka)	Kulira, Karkataka, Karkata
Lav	Simha (Simha)	Kantirava, Simha, Mrigendra, Leja
Devica	Kanja (Kanya)	Patona, Kanja, Ramani, Taruni
Vaga	Tula (Tula)	Tauli, Vanjik, Đuka, Tula, Data
Škorpija	Vriščika (Vṛṣcika)	Ali, Vriščika, Kaurpi, Kita
Strelac	Danu (Dhanus)	Danu, Čapa, Šarasana
Jarac	Makara (Makara)	Mriga, Mrigasja, Makara, Nakra
Vodolija	Kumba (Kumbha)	Kumba, Gata, Tojadara
Ribe	Mina (Mīna)	Mina, Antja, Matsja, Prituroma, Đaša

Poreklo znakova

U drugoj polovini šloke 7, autor primarno referiše na izvođenje znakova otkrivajući nam čvrstu vezu između znakova i nakšatri. Čini to navodeći da znaci počinju prvim znakom Meša (Krija) za kojim slede drugi znaci u kružnom poretku, dok nakšatre (o kojima se govori kao zvezdama) počinju od Dasre (Ašvini).[7]

---

7   Važno je napomenuti da u vedskoj astrologiji koristimo sideralni Zodijak zasnovan na fiksnim zvezdama, a ne tropski ili pokretni Zodijak.

Učeni Vaidjanata odlazi i korak dalje mapirajući dve čakre, raši i nakšatra čakru, u pojas od 360° imajući na umu da svaki od dvanaest znakova u svom kružnom redosledu obuhvata 30°. Raspon svake od 27 nakšatri je 13°20' i svaka nakšatra deli se na četiri dela ili četiri nakšatrapade (3°20'). Ovim dolazimo do toga da raspon svakog rašija čine devet nakšatrapada (3°20'). Ciklus se ponavlja za svaki znak dajući kao rezultat 108 nakšatrapada ukupno.

Budući da autor pretpostavlja da je čitalac savladao osnovne koncepte astrologije pre nego je pristupio ovom delu, on se ne bavi objašnjavanjem raši i nakšatra čakre. Međutim, smernice u vezi sa nastankom raši čakre su tu i izučavalac može da zaključi da je nakšatra čakra nastala prva, zatim raši nakon čega slede bave.

<h3 style="text-align:center">Pet načina pristupa rašiju</h3>

Na kraju, u istoj šloki, autor koristi reč **<u>kṣetrarkṣarāśibhavanāni</u>** otkrivajući duhovni i filozofski koncept iza astrološkog fenomena u kojem su znaci put do osnova materijalne kreacije i njenih prvobitnih podela. On upotrebljava različite nazive kao i različita značenja znakova Zodijaka. Ti nazivi su:

Kšetra – mesto, sfera, odeljak, regija, deo prostora, znak Zodijaka; kšetra može da označava i podelu poseda ili vlasništva nad određenim prostorom.

Rikša – zvezda u sazvežđu, dvanaesti deo ekliptike, predstavlja znak ili područje kroz koje prodiru zraci planete kao u slučaju kada je određena planeta pozicionirana u znaku (i kući), znak i kuća će se tada naći pod kontrolom ili dominacijom date planete.

Raši - označava znak, upućuje na prirodu znaka kao nagomilanih osobina nečega, sumu ili količinu hrane, materijala ili bilo kojeg drugog resursa.

Bavana – mesto prebivališta, natalna zvezda, kuća, rezidencija, palata, ono što ukazuje na svrhu raspodele što može biti kuća, kancelarija itd.

Ba – znak Zodijaka, zvezda, drugi naziv za znak, može označavati izgled.

Svrha ovih različitih naziva je dublji pogled u značenje znakova Zodijaka. Pažljivo birajući ove nazive, Vaidjanata Dikšita nam objašnjava da postoji dvanaest znakova, da svaki znak obuhvata dvanaestinu Zodijaka, da oni zauzimaju određeno područje ili odeljak vremena i prostora, da predstavljaju specifično vlasništvo nad nečim kao i izgled.

U vedskim spisima, astrološki znaci su obično poznati kao rašiji. Reč raši potiče od dva sanskritska sloga rā i śi gde *rā* upućuje na Rahua ili severni Mesečev čvor, a śi dolazi od reči śiki, koji je jedan od naziva Ketua ili južnog Mesečevog čvora. Rahu govori o momentu rođenja, dok Ketu predstavlja spiralu na samom temenu naše glave. Kod većine se može videti jedna spirala (bindu), ali postoje i primeri sa dve spirale (visarga). Ovo mesto na našem temenu ima ključnu reč kada je u pitanju dugovečnost i poznato je kao bindu-visarga čakra.

Iz Purana saznajemo[8] da Rahu I Ketu predstavljaju glavu i rep zmaja ili demona (asure) koji je ukrao eliksir besmrtnosti i kojeg je ubio Višnu. Ova priča bogata je duhovnim značenjima. Na prvom mestu, objašnjava zašto snažna želja za telom i večnim življenjem potiče od Rahua. Sila suprotna njemu predstavljena je Ketuom koji teži oslobođenju iz materijalnih okova. Druga stvar ovde o kojoj

---

8 Priče o Rahuu i Ketuu mogu se naći u *Brama purani. Mahabagavatamu, Mahabharati, Matsja purani* i *Rig Vedi* u kojoj se javlja ime Svarbanu

je potrebno dublje razmišljati jeste činjenica da su i Rahu i Ketu zapravo matematičke tačke, projekcije kretanja Meseca. Kako Mesec predstavlja naš um, čvorovi će onda biti rezultat kretanja uma i njegovih aktivnosti koje rađaju želje. Prema tome, naša egzistencija ima izvor u duboko ukorenjenoj želji i karmi koja počinje Rahuom i završava se Ketuom a što je objašnjeno raši čakrom.

Raši takođe označava i – gomilu, sumu, kvantitet, te prema tome dvanaest rašija predstavljaju celokupnu materijalnu kreaciju kao i materijalne (manifestovane) resurse u svetu. Oni su definisani Sunčevim kretanjem dok su Aditje[9] uzrok i izvor svih resursa.

Još jedno značenje rašija je – kvalitet i kvantitet resursa predstavljenih određenim znakom što u potpunosti zavisi od ostatka horoskopa u pitanju. Na primer, lagna ili ascendant pokazuje vitalnost, dugovečnost, inteligenciju, slavu, izgled itd., a planeta smeštena na lagni ili u prvoj kući će ili pojačati date karakteristike ili ih umanjiti, generalno planeta će modifikovati rezultate i iskustva budući da je zrak svetlosti što je autor implicirao upotrebljavajući reč *rikša* kada je govorio o znacima.

U vedskoj astrologiji veliki značaj pridaje se nazivima jer oni pomažu u razumevanju same prirode, korenskog uzroka i svrhe upotrebe. Na primer, kada čitamo o ovoj temi kod Parašare[10] vidimo da veliki riši koristi ona imena koja su pohvalna i povoljna. U tom smislu, ona su slična mantrama. Otkrivaju ono što je izvrsno u svakom znaku. Sjajan primer ovakve upotrebe je naziv *Naakra* za Jarca, znaka koji je najčešće poznat pod nazivom Makara na sanskritu.

---

9 Dvanaest Aditja su deo 33 Deve i deo osnove đotiša. Oni se manifestuju kroz dvanaest znakova i bez njih znaci bi bili samo prostorni odeljci neba.

10 Brihat Parašara Hora Šastra ili skraćeno BPHŠ.

Parašara koristi reč Naakra jer ona govori o sposobnosti ovog znaka da izazove *nakaru*, gde je na+ka+ra *naraka* sa inverzijom slogova[11] što govori o sposobnosti da se izbegne pakao ili obrnu njegovi efekti. To je blagoslov znaka Jarca. Ovo je ukratko način na koji treba pristupiti izučavanju dela velikih rišija.

om tat sat

---

11   Naraka je Hindu ekvivalent za pakao.

Znaci i delovi tela

कालात्मकस्य च शिरोमुखदेशवक्षोहृत्कृक्षिभागकटिबस्तिरहस्यदेशाः।
ऊरू च जानुयुगलं परतस्तु जङ्गे पादद्वयं क्रियमुखावयवाः क्रमेण॥ ८॥

kālātmakasya   ca   śiromukhadeśavakṣohṛtkṛkṣibhāgakaṭibastira-
hasyadeśāḥ |

urū ca jānuyugalaṁ paratastu jaṅge pādadvayaṁ kriyamukhāva-
yavāḥ krameṇa || 8||

Prevod: Delovi tela osobe Kala (*kāla*) počevši od Ovna redom su: glava, usta, grudi, srce, stomak, kukovi, prepone, genitalije, butine, kolena, članci i stopala.

Komentar: Ova šloka govori o konceptu Kalapuruše, personifikacije vremena kao vrhovne predstave boga. Reč Kalapuruša sačinjena je od dve reči. ***Kāla*** koja označava *vreme*, dok ***Puruṣa*** (Puruša) upućuje na ideju o muškoj energiji ili bogu personifikovanom kao muškarcu[12], odnosno o aktivnoj/kreativnoj energiji.

Ova muška energija se stoga pripisuje Suncu koje je karaka (signifikator) za oca, davaoca života, izvora Agnija ili žrtvene vatre. Sunce takođe vlada znacima horoskopa, dok Mesec, karaka za majku, koji obezbeđuje neophodnu negu i hranu za održanje, vlada nakšatrama. Krećući se nebom, Sunce i Mesec formiraju različite joge i celokupna kreacija predstavlja produkt ovih joga ili odnosa između <u>izvornog ženskog</u> i muškog principa.

12   Osnove vedske atrologije, Sanđaj Rat

Ove joge su u vedskoj astrologiji poznate kao pančanga (Pañcāñ-ga)[13] ili pet udova vremena – vara, titi, nakšatra, karana i joga.

Kalapuruša karta je specijalna karta u kojoj dvanaest znakova predstavljaju različite delove boga Višnua poznatog i kao Đanardana. Drugim rečima, Višnu se manifestuje kao Kala (personifikovano vreme) za duše koje imaju potrebu za njim.

Kao što je napomenuto, u Kalapuruša karti (čakri) dvanaest rašija počevši od Ovna predstavljaju različite delove tela Višnua. Krećući od prvog znaka Ovna (Meša) koji predstavlja glavu, ostali znaci slede redom upućujući na preostale delove tela. Ova čakra, međutim, je opšta čakra i za sva ljudska bića. Bez obzira na lagnu, Ovan će uvek pokazivati glavu, Bik usta, Blizanci ruke i ramena itd.

Ovaj isti kocept primenljiv je i na dvanaest kuća počevši od ascendenta u horoskopu. Možda je važno zapitati se zašto autor nigde ne spominje ruke, zbog čega treba da konsultujemo druge đotiš klasike. Dole je data slika koja olakšava pamćenje znakova u relaciji sa delovima tela.

Važno je napomenuti da Mahariši Parašara ima nešto drugačiju podelu delova tela nego ovo đotiš delo. Razlika se odnosi na znak Blizanaca kojem Đataka pariđata pripisuje grudi, dok Parašara jasno govori o tome da Blizanci predstavljaju ruke, dok su grudi i grudni deo pripisani znaku Raka. Slično, Vaga predstavlja vidljive delove genitalija (prepone i penis), dok Škorpija pokriva skrivene reproduk-tivne organe, testise i jajnike. Škorpija se takođe odnosi i na anus.

Raspored delova tela je drugačiji kada se radi o prašni ili horarnoj astrologiji čime se takođe potvrđuje to da je fokus ovog dela na natalnom horoskopu.

---

13   Pañcāñga (pančanga) je vedski kalendar

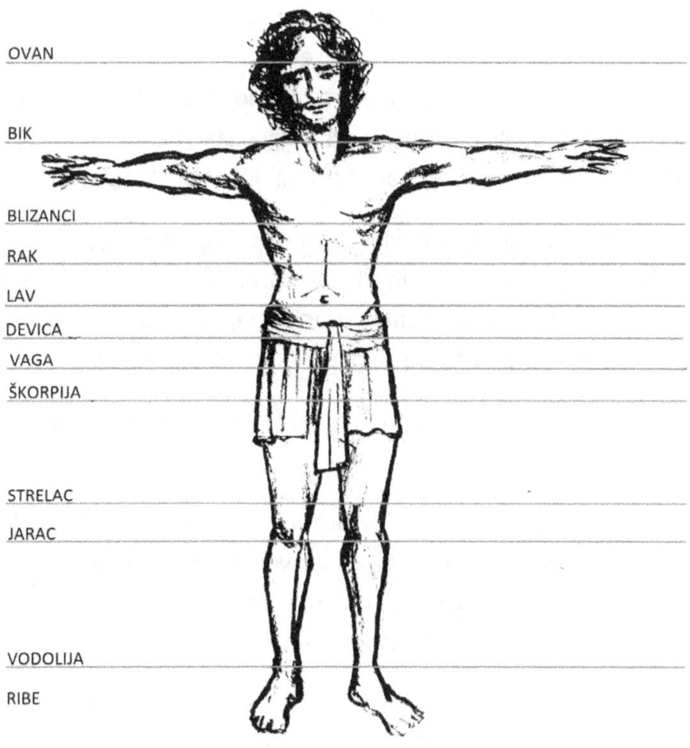

Ovo poznavanje ljudskog tela u vezi sa znacima je od ključnog značaja u proučavanju ajurvede i đotiša. Aflikcija bilo kojeg znaka planetama ili jogama koje su u vezi sa bolešću će vrlo verovatno izazvati zdravstvene problem u odgovarajućem delu tela. Na primer, ukoliko postoji aflikcija znaka Jarca, treba da očekujemo problem sa kolenima, u slučaju aflikcije Vodolije, doći će do problema sa člancima, u slučaju Lava, stomak će biti problem itd. Slično, možemo suditi o delovima tela i na osnovu kuća pri čemu je ključno uzeti u obzir drekanu kuće da bi se precizno definisao deo tela (Parašara, 1999).

Još jedan način čitanja znakova zasniva se na njihovoj međusobnoj povezanosti ili indikacijama u vezi sa zdravljem. Na primer, Vodolija je poznata kao hridaja roga raši (*hṛdaya roga rāśi*) ili znak koji pokazuje srčane bolesti. Ova specifična slabost svakog znaka *izvodi* se iz činjenice da svaki znak ima određenu bolest u 8. kući od sebe. Tako će za Raka, koji predstavlja srce, Vodolija biti 8. znak predstavljajući bolest srca. Slično tome, i svi drugi znaci imaju potencijal da afliktuju ili poprave zdravlje određenog dela tela ili organa.

Kada se procenjuju zdravlje i bolesti u vedskoj astrologiji[14], potrebno je biti verziran u podeli delova tela prema Mesečevoj ili Čandra lagni. Delovi tela raspoređeni od Čandra lagne pokazuju ceo cirkulatorni sistem i prema tome se razlikuju od drugih podela.

Znamo da postoje dva ograničavajuća faktora u životu, a to su kala (vreme) i karma.

Koncept Kalapuruše definiše Kreatora kao vreme, vreme koje je dato svakoj duši da otplati svoje dugove i oslobodi se, a za to nam je neophodno telo. Bog nam poklanja vreme u određenom telu, i jedno i drugo u skladu sa prethodnom karmom i težnjama duše.

Prema Vedanti i istočnoj tradiciji, ovo telo smatra se za odeću koju nosimo, skrojenu prema karmi koja određuje tip tela koji ćemo dobiti i iskustva kroz koja ćemo proći.

U Bagavad Giti bog Krišna kaže: ”Ja sam moćno Vreme, izvor destrukcije koja nastupa da uništi svetove”[15]. Iz ovoga razumemo da ništa ne može umaći vremenu, sve što je stvoreno i ima telo, prestaće da postoji u datom obliku kada nastupi vreme.

---

14   Više o ovome može se saznati na onlajn kursu "Zdravlje i bolesti u vedskoj astrologiji" (https://www.rama-edu.com/p/health-and-ill-ness-bundle).

15   Bagavad gita, poglavlje 11, stih 32

Dužnost đotišija je da spozna boga kao vreme, da postane tri-
kalađnani (znalac prošlosti, sadašnjosti i budućnosti) kako bi u
skladu sa tim mogao da pruži savete o tome kako najbolje iskoristiti
vreme koje nam je dato.

om tat sat

Znaci i njihovi simboli

अथ मीनादीनां स्वरूपवर्णनम्।
atha mīnādīnāṁ svarūpavarṇanam |

व्यत्यस्तोभयपुच्चमस्तकयुतौ मीनौ सकुंभो नर -
स्तौली चापधरस्तुरंगजघनो नक्रो मृगास्यो भवेत्।
वीणाढ्यं सगदं नृयुग्ममबला नौस्था ससस्यानला
शेषाः स्वस्व गुणाभिधानसदृशाः सर्वे स्वदेशास्चयाः॥ ९॥

vyatyastobhayapuccamastakayutau mīnau sakuṁbho nara -
staulī cāpadharasturaṁgajaghano nakro mṛgāsyo bhavet |
vīṇāḍhyaṁ sagadaṁ nṛyugmamabalā naussthā sasasyānalā
śeṣāḥ svasvaguṇābhidhānasaddaśāḥ sarve svadeśāscayāḥ || 9 ||

Prevod: Znak Riba predstavljen je dvama ribama koje se kreću u suprotnim pravcima spojene glave i repa. Vodolija je čovek koji nosi ćup. Vaga je čovek koji drži kantar. Strelac je predstavljen kao čovek od pojasa do glave i kao konj od pojasa do stopala. Jarac je krokodil sa licem jelena. Blizanci predstavljaju par u kojem žena nosi muzički instrument (vinu), a muškarac buzdovan. Devica je žena koja stoji u čamcu osvetljavajući put lampom koju drži u desnoj ruci, dok u levoj drži klip kukuruza. Ostali znaci opisani su svojim nazivima. Svi oni naseljavaju oblasti koje im odgovaraju.

Komentar: Simboli nisu mentalne kreacije već pre posebne sposob-
nosti uma da zadržavaju određene tipove informacije. Hiljade joga
i mnogostrukih informacija o svetu i vremenu moguće je smestiti u
ljudski um pod uslovom da savladamo jezik simbola koji su koristili
rišiji (Rat, Pregled karaka, 2007).

Pandit Sanđaj Rat objašnjava da simbole možemo upotrebljavati
kao karake ili činioce. Stoga će nam simbol određenog znaka poka-
zati i osobine tog znaka. Na primer, Ovan je simbolički predstavljen
životinjom ovnom što ukazuje na sposobnost da se stvari guraju
napred, da se ide napred i bude pionir. Sa druge strane, može govo-
riti o veoma tvrdoglavoj osobi i nekome ko ne odustaje lako.

Proučavanje simbolike rašija je naročito važno jer ona nije
odabrana slučajno. I pored toga što ovi simboli postoje i u zapadnoj
astrologiji, vedska astrologija, kada se uči u tradiciji, nudi obilje
dodatnih informacija o svakom znaku.

Na primer, znak Ribe je opisan pomoću dve ribe koje grizu rep
jedna drugoj dok plivaju u suprotnim pravcima. Ove dve ribe ne
kreću se samo kružno, jedna riba pliva ka gore ukazujući na pravac
uzdizanja nečije duše, dok druga riba pliva ka dole silazeći na
Zemlju kako bi ispunila još jedan krug rađanja. Ribe ili Mina raši
su poslednje od dvanaest znakove I povezane su sa 12. kućom
Kalapuruša horoskopa u kojoj vidimo okončanje samsara kruga kao
i gati (put) nečije duše. Na zemaljskom nivou, one pokazuju tok
ili krvotok u telu kao i kruženje vode kroz oblake koje pročišćava
vodu čineći je pijućom.

U tradiciji, svaki znak se može podeliti na nekoliko delova, odnosno u slučaju Riba koje smo spomenuli prethodno, simbol možemo podeliti na tri dela kojI će nam pružiti novo razumevanje znaka. U ovom slučaju, prvih deset stepeni (0°-10°) bi se odnosilo na glavu ribe koja pliva na dole kao i na rep ribe koja pliva na gore pokazujući tako materijalni pravac u životu sa fokusom na uživanju. Sledećih deset stepeni (10°-20°) će pokazati srednji deo tela riba i osobe sa izuzetnim osećajem za pravac i zato je srednji deo u vezi sa rišijima ili mudracima. Poslednjih deset stepeni (20°-30°) odnosi se na glavu ribe koja pliva na gore i snažan duhovni pravac u životu. Na sličan način možemo podeliti svaki znak i pročitati značenja na koja upućuju njihovi simboli.

Zanimljivo je primetiti da autor navodi svega sedam znakova naglašavajući da preostalih pet imaju simbole u skladu sa svojim imenima. Ono što autor ne govori je da su sedam navedenih znakova nastali stapanjem najmanje dva dela i zbog toga što su tako sastavljeni, oni nose došu ili slabost u samoj svojoj osnovi. Ovih sedam rašija nose slabosti na koje upućuje jedna od sedam planeta počevši od Sunca.

Primer: Prvi znak koji nosi slabost je znak Blizanaca ili Mituna raši. Ovaj znak sačinjen je od muškarca i žene (blizanaca) gde muškarac u ruci nosi buzdovan, a žena muzički instrument (vinu). Na osnovu simbolike, znak možemo podeliti na dva dela tako što će prvih 15 stepeni biti ženski i upućivaće na to da se ovaj deo odnosi na muziku, komunikaciju, kulturu i slično, dok će drugih 15 stepeni pripadati muškarcu sa oružjem ukazujući na snagu, bitku ili rat. Kako su Blizanci treći znak, odgovaraju trećoj kući prirodnog (Kalapuruša) horoskopa zbog čega kažemo da 3. kuća pokazuje objekat ili ono oružje koje držimo u rukama. Za neke će to biti brojanica, olovka ili cvet, dok će za neke to biti mač, u zavisnosti od benefičnih ili malefičnih pozicija u 3. kući.

Tabela: Izvorni nedostatak svakog rašija

Raši	Planetarni nedostatak
Blizanci	Venera ili đala doša
Devica	Saturn ili vaju doša
Vaga	Mars ili agni doša
Strelac	Merkur ili pritivi doša
Jarac	Jupiter ili akaš doša
Vodolija	Mesec ili đala doša
Ribe	Sunce ili agni doša

Kada govorimo o procesu kreacije, dotičemo se primarnih principa đotiša u kojima različita tela stvaraju i rukovode sva materijalna, stvorena bića. Ovo uključuje Sunce i Mesec, sazvežđa i pet elemenata (panča tatvi).

Pet tatvi predstavljene su sa pet planeta. To su Mars (agni ili elemenat vatre), Merkur (pritivi ili elemenat zemlje), Jupiter (akaš, etar), Venera (đala, voda) i Saturn (vaju, vazduh).

U kontekstu kreacije, slabosti znakova ili tatva doše govore o specifičnom tipu slabosti. Da bismo bolje razumeli ovaj princip, potrebno je: a) Proveriti vladarstvo planete koja predstavlja došu određenog znaka, b) Imati na umu osnovu tatve i šta ona predstavlja.

U slučaju Blizanaca, Venera je doša planeta koja ukazuje na moguće probleme u braku i odnosima budući da je ona karaka za odnose i da je đala planeta. Kako Venera vlada 12. kućom od Blizanaca kao i 5. kućom od njih, oba polja će biti u vezi sa brakom i odnosima predstavljajući tako oblast života u kojoj će slabost doći do izražaja. Uz to potrebno je proveriti i druge faktore koji utiču na potomstvo s obzirom da je Venera vladar 5. kuće od Blizanaca. Dakle, ovde je potrebno podvući da se za mogućnost potomstva ispituje Venera.

Na sličan način mogu se ispitati i preostalih šest znakova i njihove slabosti.

Ostalih pet znakova su čisti oblici budući da predstavljaju celu životinju. To su: Ovan, Bik, Rak, Lav i Škorpija.

Ovim poglavljem autor Đataka pariđate naglašava značaj simboličkog razmišljanja u đotišu. To je sposobnost svojstvena samo ljudima. Simboličko mišljenje predstavlja sumu mnogih kognitivnih funkcija našeg uma i predstavlja duhovnu vezu sa kulturnim nasleđem civilizacije koja se u najširem smislu shvata i objašnjava putem arhetipova koje je formulisao Karl Gusav Jung.

Iza svakog simbola je složeni proces opservacije, poređenja, analize, dedukcije, otkrivanja suštinskih obeležja posmatranog fenomena, apstrahovanje kvaliteta fenomena i njihovo primenjivanje na čitav niz sličnih. Starogrčki filozof Aristotel u simboličkom mišljenju i sposobnosti za stvaranje metafora video je odraz genijalnosti o čemu je govorio u svojim razmatranjima poetike, što nam sve govori da je mudrost, kako istoka tako i zapada, bila i ostala neodvojiva od procesa stvaranja, tumačenja i razumevanja univerzalnog jezika simbola.

Prebivalište znakova

अथमेषादीनांस्थानवर्णनम्।
athameṣādīnāṁsthānavarṇanam |

Prevod: Sledeći stihovi govore o karakteristikama mesta na kojima obitavaju znaci.

Komentar: Ovo znanje je korisno za različite đotiš tehnike uključujući tehniku prašne koja se koristi za pronalaženje izgubljenih objekata, pronalaženje mesta rođenja, mesta smrti i svih drugih informacija u vezi sa mestom.

मेषस्यधातुकररत्नधरातलंस्यात्उक्ष्णस्तुसातुकृषिगोकुलकाननानि।
घूतकृयारतिविहारमहीयुगस्यवापीतटाकपुलिनानिकुलीरराशेः॥ १०॥

meṣasyadhātukararatnadharātalaṁsyātukṣṇastusātukṛṣigokulakān
anāni|
dyūtakṛyārativihāramahīyugasyavāpītaṭākapulinānikulīrarāśeḥ ||
10||

Prevod: Ovan boravi na zemlji koja je bogata mineralima i dragim kamenjem. Bik predstavlja polja kao i mesta za zemljoradnju, štale i šume. Kockarnice, mesta zabave i uživanja i bašte pripadaju Blizancima. Jezera, jezerca ili sprudovi su mesta Raka.

Komentar: Ova šloka upućuje na to da Ovan vlada zemljom koja je u vezi sa mineralima i dragim kamenjem. U *Brihat Parašara hora šastri* za Ovna je upotrebljen termin šailačari (śailacārī)[16] što znači – lutati planinama. *Hora Ratna* proširuje ovo dodajući da Ovan boravi na mestima koja često posećuju koze i ovce, zatim u rudnicima minerala, metala i na zemlji bogatoj kamenjem.

Parašara kaže da Bik vlada selima i trgovcima, dok se u Đataka pariđati ovo pripisuje Vagi. Bik upućuje na visoravni, doline, farme, štale za krave, šume i druga mesta koja naseljavaju četvoronošci. Kod Parašare Bik vlada nad *grāmyo vaṇija* (gramjo vaniđa)– selima i tržnicama, dok se ovde u Đataka pariđati to pripisuje Vagi. Za Blizance Parašara kao mesto navodi sela. Blizanci predstavljaju i kladionice, sportska igrališta, seksualna uživanja, barove i slična mesta u kojima se ljudi okupljaju zarad zabave.

Rak obitava u vodi i upućuje na reke i druge oblike tekuće vode budući da je Rak pokretni znak. Rak takođe predstavlja i plaže i srudove i generalno mesta koja su začeci ljudske civilizacije. Za Raka Parašara dodaje da luta šumama (vanačari).

कण्ट:ईरवस्यधनशैलगुहावनानिषष्ठस्यशाद्वलवधूरतिशिल्पभूमि: ।
सर्वार्थसारपुरपण्यमहीतुलायाःकीतस्यचाश्मविधकीटबिलप्रदेशाः ॥११॥

kaṇṭhīravasyadhanaśailaguhāvanāniṣaṣṭhasyaśādvalavadhūratiśil-
pabhūmiḥ|
sarvārthasārapurapaṇyamahītulāyāḥkītasyacāśmavidhakīṭabilapra-
deśāḥ | | 11||

16   Mahariši Parašara (1999., str. 47), Brihat Parašara hora šastra, Sagar publikacije.

Prevod: U vlasništvu Lava su stene, pećine i šume. Prebivalište Device je ono sa mnogo trave ili su to ukrašene ženske odaje namenjen uživanju. Mesta na kojima su izložene sve stvari za kupovinu ili prodaju (pijace) pripadaju Vagi. Škorpija pokazuje kamenite oblasti pune prljavštine, rupe sa crvima i insektima.

Komentar: Planine, šume, tvrđave, pećine, guste džungle su prebivalište Lava. Lav je kralj džungle i znak Lava takođe upućuje na džungle ili guste šumske oblasti. Može takođe predstavljati mesta sa kraljevskim obeležjima jer se i Ovan i Lav smatraju kraljevskim znacima.

Pored ženskih odaja, Devica predstavlja pašnjake i zelena polja spremna za žetvu. Devica takođe predstavlja i bašte, uključujući i botaničke, parkove i slična mesta koja su puna biljnog sveta (karaka Merkur).

Sva mesta trgovine, poput pijaca, bazara, berzi i oblasti u kojima trgovci prodaju svoju vrednu robu označena su Vagom. U prirodnom (Kalapuruša) horoskopu, Vaga je 7. kuća koja je takođe i mesto susreta i interakcija sa drugim ljudima te je prema tome i Vaga poznata kao mesto susreta ili mesto robnih razmena. Iz tog razloga kažemo da Vaga takođe predstavlja i gradove.

Stanište Škorpije je blizu prljavih mesta, otrovni reptili vole močvarne i prljave oblasti dok otrovne zmije žive u podzemnim rupama u izolovanim mestima; duboki bunari i takva mesta u kojima je voda nepokretna (Škorpija je fiksni znak) i može postati otrovna. Škorpija takođe može pokazati skrovita mesta i mravinjake. U modernom svetu. Škorpija pokazuje podrume, bunkere i prostore koji podsećaju na pećine.

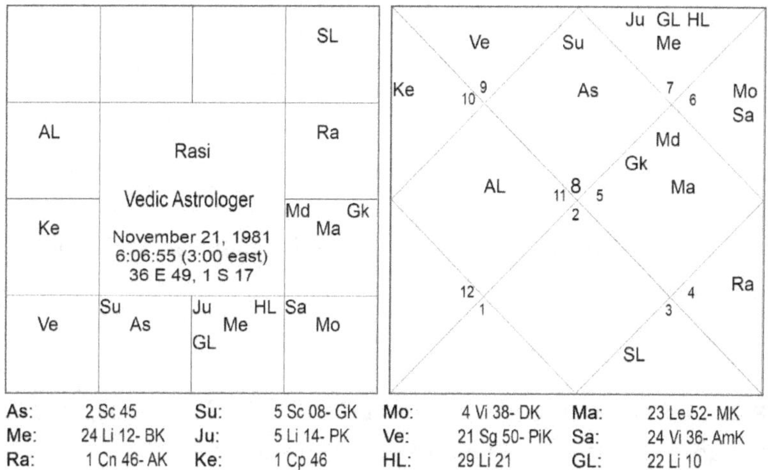

As:	2 Sc 45	Su:	5 Sc 08- GK	Mo:	4 Vi 38- DK	Ma:	23 Le 52- MK
Me:	24 Li 12- BK	Ju:	5 Li 14- PK	Ve:	21 Sg 50- PiK	Sa:	24 Vi 36- AmK
Ra:	1 Cn 46- AK	Ke:	1 Cp 46	HL:	29 Li 21	GL:	22 Li 10

U horoskopu ove osobe želimo da ispitamo mesto na kojem osoba podučava. Vladar 5. kuće (znanja) smešten je u 12. kući Vage. Vladar 5. će pokazati gde osoba daje znanje, ili kao u ovom slučaju, gde će osoba podučavati. Ovde je Jupiter vladar 5. kuće smešten u Vagi koja označava pijace ili centar grada. Ova osoba je podučavala na kursevima u oblasti blizu pijace i centra grada. Dalje, vladar 5. kuće Jupiter je deo parivartana joge (planetarne kombinacije u kojoj dve planete razmenjuju svoje znakove) sa Venerom u Strelcu što upućuje na promenu mesta. Osoba je zaista prešla od podučavanja u gradu do podučavanja u planinskoj oblasti. Od tada, osoba godinu za godinom drži kurseve i u gradovima i na planinama i planinskim podnožjima. Podučavanje u stranoj zemlji je takođe naznačeno Jupiterom, vladarom 5. kuće koji se nalazi u 12. kući putovanja u inostranstvo.

Šloka 1. 12.

चापस्यवाजिरथवारणवासभूमिःएणाननस्यसरिदम्बुवनप्रदेशाः।
कुम्भस्यतोयघटभाण्डगृहस्थलानिमीनाधिवाससरिदम्बुधितोयरा-
शिः॥१२॥

cāpasyavājirathavāraṇavāsabhūmiḥeṇānanasyasaridambuvanapra
deśāḥ|

kumbhasyatoyaghaṭabhāṇḍagṛhasthalānimīnādhivāsasaridambudh
itoyarāśiḥ || 12||

Prevod: Drvene kuće namenjene gajenju konja i čuvanju zaprega pripadaju Strelcu. Mesta na kojima obitava Jarac su reka i šuma u kojoj ima mnogo vode. Vodolija boravi blizu vode, ćupova za vodu ili vodenih posuda koje se koriste u kući. Stanište Riba su reke, okeani i slične oblasti sa velikom količinom vode.

Komentar: Strelac pokazuje konjske štale ili barake za ratne slonove i kočije. U modernom kontekstu, pokazuje garaže, parking mesta i bojna polja. Kako se Strelac odnosi na 9. kuću u prirodnom horoskopu, može pokazivati i duhovna mesta i svetilišta, mesta žrtvenih rituala poput crkvi i hramova. Jarac predstavlja reke, plićake i močvarna mesta. Pokazuje takođe i groblja i mesta na kojima obitavaju duhovi umrlih i poznat je kao Kali juga raši.

Skladišta, mesta u kojima čuvamo posude poput kuhinje, stovarišta i druga mesta za skladištenje označena su znakom Vodolije. Vodolija pokazuje i kupatila i jedan je od stira (fiknih) znakova u kojima se javlja stagnacija i rigidnost. Vodolija crpe vodu svojim *abimuka drištijem* na tekuće vode Raka i skladišti tu vodu u posude za dalju upotrebu. Kao početak ovog procesa je distribucija sveže vode gradovima putem cevi[17]. Iz tog razloga, Vodolija predstavlja infrastrukturu i rast gradova. U prirodi, Vodolija pokazuje i visoke

---

17   Ref. Tvasta Aditja

planine i mesta na kojima obitavaju pustinjaci i mudraci.

Ribe upućuju na more, velike reke, okeane i slične vodene oblasti sa velikom količinom vode. Pokazuju i mesta podmlađivanja i lečenja poput bolnica, ašrama, skloništa i slično.

Primer horoskopa: Vedski astrolog i đotiš guru

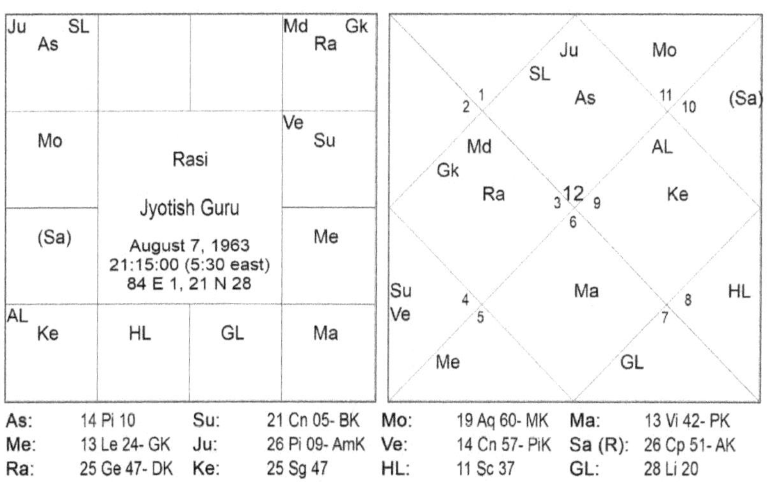

As:	14 Pi 10	Su:	21 Cn 05- BK	Mo:	19 Aq 60- MK	Ma:	13 Vi 42- PK
Me:	13 Le 24- GK	Ju:	26 Pi 09- AmK	Ve:	14 Cn 57- PiK	Sa (R):	26 Cp 51- AK
Ra:	25 Ge 47- DK	Ke:	25 Sg 47	HL:	11 Sc 37	GL:	28 Li 20

Kao i u prethodnom slučaju, zanima nas mesto na kojem će osoba poučavati. U ovom horoskopu, vladar 5. kuće je Mesec smešten u 12. kući u znaku Vodolije. Vodolija upućuje na planinske oblasti ili mesta pored vodenih cisterni, brana i veštačkih objekata za vodu. Osoba je poučavala Vedanga đotiš godinama na Himalajima, konkretno u oblasti poznatoj po svojim jezerima od kojih je najpoznatije jezero Bimtal.

Šlokom 12 autor zaključuje bavljenje prebivalištima svakog od dvanaest znakova. Korisna vežba je pokušati razumeti veze svakog znaka sa lokacijama savremenog sveta, a kojih nema u spisima.

Postoji jasna veza između osobina, prirode i tatve znaka i osobina i karakteristika određene lokacije, što postaje očigledno ako su znaci i planete pravilno shvaćeni.

om tat sat

Različite podele znakova

अथ मेषादीनां स्वरूपविशेषादिवर्णनम्।

athameṣādīnāṁsvarūpaviśeṣādivarṇanam |

Prevod: Slede oblici i obličja znakova počevši od Ovna.

ह्रस्वा गोऽजघटाः समा मृगयुक्चापान्त्यकर्कटकाः।
दीर्घा वृश्चिककन्यकाहरितुला मेषादिपुंयोषितौ।
प्रागादिक्रियगोनृयुक्कटकभान्येतानि कोणान्विता-
न्याहुः क्रूरशुभौ चरस्थिरतरद्वन्द्वानि तानि क्रमात्॥ १३॥

hvasvāgo'jaghaṭāḥsamāmṛgayukcāpāntyakarkaṭakāḥ |

dīrghāvṛśkikakanyakāharitulāmeṣādipuṁyoṣitau|

 prāgādikriyagonṛyukkaṭakabhānyetānikoṇānvitā-

nyāhuḥkrūraśubhaucarasthirataradvandvānitānikramāt || 13||

Prevod: Bik, Ovan i Vodolija su kratki. Jarac, Blizanci, Strelac, Ribe i Rak su srednje dužine, dugački su Škorpija, Devica, Lav i Vaga. Počevši od Ovna, znaci su muški i ženski. Počevši od istoka, Ovan i njegovi trigoni, Bik i njegovi trigoni, Blizanci i njegovi trigoni, Rak i njegovi trigoni predstavljaju četiri glavna pravca sveta. Zatim, znaci se dele i po tome da li su krura, grubi ili šuba, prijatni; i na pokretne, fiksne i dvojne na osnovu vrste njihovog kretanja.

Komentar: Stih 13 pokriva različite klasifikacije znakova uključujući njihovu dužinu, pol, pravac, prirodu kao i tip kretanja. Sledi komentar za svaku od ovih podela.

1. Klasifikacija na osnovu dužine znakova

Klasifikacija na osnovu dužine znaka zasniva se na astronomskoj definicija Zodijaka ili Ba čakre i na činjenicui da zodijački pojas nije pravilan krug već elipsa.

Početna tačka Zodijaka je tačno nasuprot 0° Vage. Početak je spoj Riba i Ovna koji pripadaju najkraćim znacima. Iako autor svrstava Ribe u znakove koji su srednje dužine, kasnije govori da su Ribe takođe kratke.

Ova informacija je veoma korisna u opisivanju dužine udova ili drugih fizičkih karakteristika osobe. Da bismo napravili bilo kakvu predikciju u vezi sa izgledom, potrebno je da posmatramo lagnu koja pokazuje fizičko telo i izgled. Preciznije, potrebno je da ispitamo sledeće: lagnu, vladara lagne, Mesečev znak i navamša lagnu.

Tabela: Dužina znakova

Dužina	Znaci
Kratki	Bik, Ovan, Vodolija, Ribe
Srednji	Jarac, Blizanci, Strelac, Rak
Dugi	Škorpija, Devica, Lav, Vaga

2. Klasifikacija na osnovu pola znakova

Počeviši od Ovna znaci su naizmnenično muški i ženski, Ovan, Blizanci, Lav, Vaga, Strelac i Vodolija su muški, a Bik, Rak, Devica, Škorpija, Jarac i Ribe su ženski. Drugim rečima, neparni znaci se smatraju muškima, dok se parni znaci smatraju ženskima.

Ovo *muško i žensko* ne treba shvatiti u smislu seksualnosti.
Oni označavaju da neparni znaci kao muški imaju ekstrovertnu
energiju, dok parni kao ženski imaju introvertnu energiju.

Priroda znaka može se pripisati prirodi osobe u zavisnosti od rašija
na ascendentu. Na primer, osobe rođene u znaku Ovna imaće
agresivniju i ekstrovertniju prirodu i delovaće nezavisno ukoliko
na lagni nisu pozicionirane ženske planete. Parni znaci biće više
zavisni od drugih, žudeće za mentorstvom i vođstvom i pokazivaće
ponašanje introverta. Muške planete na lagni modifikovaće ove
rezultate.

Tabela: Pol znakova

Pol	Znaci
Muški	Ovan, Blizanci, Lav, Vaga, Strelac, Vodolija
Ženski	Bik, Rak, Devica, Škorpija, Jarac, Ribe

Ovaj aspekt znakova koristi se u različitim prediktivnim tehnikama
pored one očigledne, odnosno određivanja pola deteta.

Informacija o znacima kao muškim/ženskim koristi se takođe
u kalkulacijama snage (bāla). *Ođajugma bala*, na primer, je
kalkulacija zasnovana na parnosti/neparnosti znakova. Ovo je deo
stanbala izvora snage gde ženske planete (Mesec i Venera) dobijaju
snagu u parnim znacima, dok muške planete snagu dobijaju u
neparnim znacima[18].

Još jedna upotreba ove klasifikacije znakova postoji u određivanju
snage rašija i poznata je pod nazivom Puruša bala.

---

18   BPHŠ, O šadbalu, 6 izvora snage

Muški/ženski, ili neparni i parni znaci, odlučuju o pravcu brojanja kada su u pitanju različite raši daše (periodi). Brojanje kuća je za neparne (muške) znake unapred, a za parne (ženske) znake obrnuto.

Da bismo demonstrirali ovo, možemo kao primer uzeti princip koji sledimo kada odeđujemo pol deteta. Da bi se odredio pol nerođenog deteta, potrebno je konsultovati specijalnu podelnu kartu poznatu kao saptamša ili D7 kartu koja se specifično bavi potomstvom. U samoj izradi ove karte sledi se pravilo zasnovano na parnosti znakova (videti poglavlje 15). Da bismo saznali nešto o polu potomstva, potrebno je da ispitamo vladara 5. kuće ukoliko je saptamša lagna neparni znak, odnosno vladara 9. kuće ukoliko je saptamša lagna parni znak. Neki autori smatraju da je ovo obrnuto u slučaju ženskih horoskopa.[19] Naredni korak u ovom procesu je videti da li je vladar 5. Ili 9. kuće (koji god da pokazuje potomstvo) smešten u muškom ili u ženskom znaku.

Međutim, kada govorimo o fizičkom telu, postoji jedan bitan izuzetak od gornjeg pravila. Blizanci i Vodolija ne poseduju dovoljno snage za muško dete te ih stoga u kontekstu razmatranja potomstva smatramo za ženske znakove. Takođe, Rak i Ribe imaju snagu da daju sina te ih zato za ovu svrhu razmatramo kao muške. Tabela dole pokazuje pol znakova u vezi sa potomstvom. U našoj đotiš tradiciji, više važnosti poklanjamo horoskopu muškarca prilikom određivanja pola deteta budući da hromozomi oca odlučuju o polu.

Tabela: Pol planeta u vezi sa potmostvom

Pol	Znaci
Muški	Ovan, **Rak,** Lav, Vaga, Strelac, **Ribe**
Female	Bik, Blizanci, Devica, Škorpija, Jarac, **Vodolija**

---

19   Postoji nekoliko izuzetaka koji su izvan obima ove knjige.

3. Klasifikacija na osnovu pravca znakova

Pravci znakova - istok, jug, zapad, sever, pod vladavinom su Ovna i ostalih iz tri ciklusa u kojem svaki predstavlja jedan element, odnosno tatvu. Na primer, Ovan, Lav i Strelac (vatra) vladaju istokom; Bik, Devica i Jarac (zemlja) vladaju jugom; Blizanci, Vaga i Vodolija (vazduh) vladaju zapadom; Rak, Škorpija i Ribe (voda) vladaju severom.

Pravci su od ključnog značaja za određivanja mesta nečijeg stanovanja, povoljnih pravaca u okviru doma ili kuće, za određivanje povoljnih pravaca kretanja prilikom putovanja[20], zatim lokacije izgubljenih predmeta i slično.

Određivanje pravaca dato u ovom delu koristi se u natalnim horoskopima, ali jedno drugo njihovo određenje tiče se horarne astrologije (prašne). U prašni, Ovan i Bik predstavljaju istok, Ribe severoistok, Vodolija i Jarac jug, Strelac seyerozapad, Vaga i Škorpija zapad, Devica jugozapad, Lav i Rak sever i na kraju Blizanci jugoistok.

Postoje dve vrste čakri koje su u vezi sa pravcem znakova. Jedna je *dig čakra*, a druga je *kala čakra*. U dig čakri planete će dati svoj najviši potencijal, dok će u kala čakri pokazati prepreke i to prema sledećoj tabeli:

Tabela: Pravci, znakovi, planete i devate

Pravac	Znak	Planete u dig čakri	Planete u kala čakri	Digpal
Istok	Bik, Ovan	Sunce	Sunce	Indra
Jugoistok	Ribe	Venera	Mars	Agni

<hr>

20   Videti Videša joga radionicu koja pokriva putovanja i život u ino-stranstvu na Rama-edu.com

Jug	Vodolija	Mars	Jupiter	Jama
Jugozapad	Strelac	Rahu	Merkur	Niriti
Zapad	Škorpija, Vaga	Saturn	Venera	Varuna
Severozapad	Devica	Mesec	Saturn	Vaju
Sever	Lav, Rak	Merkur	Mesec	Kubera
Severozapad	Blizanci	Jupiter	Rahu	Išana
Pravac na gore		Ketu	Ketu	Ananta
Pravac na dole		Lagna	Lagna	Brama

Pravci znakova u vezi su sa četiri životna pravca ili cilja (ajane) u horoskopu. Postoje četiri ajane: darma[21], arta, kama i mokša. Istok je u vezi sa darmom, jug sa artom, zapad sa kamom i sever sda mokšom.[22]

Tabela: Pravci znakova i četiri ajane

Znak	Pravac	Ajana
Ovan, Lav, Strelac	Istok	Darma
Bik, Devica, Jarac	Jug	Arta
Blizanci, Vaga, Vodolija	Zapad	Kama
Rak, Škorpija, Ribe	Sever	Mokša

Četiri ajane su povezane sa četiri kendre (ugaone kuće) u horoskopu. U Kalapuruša horoskopu ovo su: Ovan, Rak, Vaga i Jarac, te prema tome svaka ajana predstavlja tri znaka koji

---

21   Darma označava ispravan način života, sleđenje istine (satje) i poretka, reda (ritua); arta se odnosi na sredstva za život; kama označava želju i zadovoljstva; mokša upućuje na konačno oslobođenje od ciklusa rađanja.

22   Više o četiri ajane videti u šloki 20 u ovom poglavlju.

su u trigonu od spomenuta četiri znaka. Svaka ajana obuhvata devedeset stepeni i definiše četiri cilja ljudskog života, odnosno darmu, artu, kamu i mokšu.

4. Klasifikacija na osnovu prirode znakova

Svi neparni znaci nazivaju se krura znacima, dok su svi parni znaci soumja.

Ovan, Bliznaci, Lav, Vaga, Strelac i Vodolija su muški i malefični. Ovi krura ili neparni znakovi su poznati kao žestoki, strogi ili agresivni po svojoj prirodi. Krura su agni znaci (Ovan, Lav, Strelac) sa dominacijom elementa vatre i vaju znaci (Bliznaci, Vaga, Vodolija) sa dominacijom elementa vazduha. Vatreni znaci deluju brzo time podsećajući na vatru koja plamti, dok su vazdušni znaci spori i uporni. Na osnovu odnosa tatvi zaključujemo da su ovi znaci takođe i prijateljski jedni prema drugima (agni i vaju podržavaju jedan drugog).

Bik, Rak, Devica, Škorpija, Jarac i Ribe su ženski i soumja znaci po svojoj prirodi. Ovde spadaju dakle pritivi znaci (Bik, Devica, Jarac) sa dominacijom elementa zemlje u sebi i đala znaci (Rak, Škorpija, Roibe) sa dominacijom elementa vode u sebi. Ženski ili parni znaci su meki i negujući I njihova priroda je pasivna i umirujuća. Pritivi i đala su prijateljske tatve i podržavaju jedna drugu.

Ova klasifikacija je korisna za razumevanje prirode znakova. Takođe je osnova za mnoge naredne tehnike i koncepte u đotišu.

Na primer, znamo da lagna određuje nečiju inteligenciju (ascendant/mozak) u svim podelnim kartama. Tako će D-10 ili dašamša pokazati tip inteligencije osobe kada je u pitanju profesija ili karijera. Kada se na lagni nalaze neparni/muški znaci, osoba će biti nezavisnija i manje je verovatno da će tražiti savete od drugih pri donošenju odluka. Drugim rečima, postoji veća samostalnost u odlučivanju. Suprotno ovome važi za parne/ženske znakove koji su po prirodi pasivniji. Oni se oslanjaju na druge za savet i podršku i mogu odlagati donošenje odluka.

5. Klasifikacija znakova na osnovu kretanja

Ovde autor govori o trigonima znakova. Reč trigon ili trikona znači *tri ugla*. Za prvi znak (Ovan) znaci u trigonu su peti (Lav) i deveti (Strelac). Za znak Bik, Devica i Jarac su trigoni, a preostali znaci ponavljaju isti obrazac – Blizanci, Vaga i Vodolija formiraju trigone jedan od drugog, kao i Rak, Škorpija i Ribe.

Trigoni ili trikone su naročito važni jer oni pokazuju plodove i rezultate u ovom svetu i smatra se da su sedište Šri Lakšmi. Shvataju se i kao podela vremena na prošlost (9. kuća), sadašnjost (lagna), budućnost (5. kuća) i na njegove plodove odatle.

Znaci koji se nalaze u istoj trikoni uvek će imati istu tatvu ili primordijalni elemenat. Termin tatva prevodi se kao istinski princip, princip koji je uzrok kreacije. Postoji pet primarnih elemenata ili tatvi kao što se vidi u tabeli dole.

Tatva	Elemenat	Božanstvo	Stanje	Planeta	Raši
Akaša	Etar	Višnu	Vakum	Jupiter	U svakom znaku, sveprisutan
Agni	Vatra	Surja	Energija	Mars i Sunce (i Ketu)	Ovan, Lav, Strelac
Đala	Voda	Durga	Tečno	Venera i Mesec	Rak, Škorpija, Ribe

Vaju	Vazduh	Šiva	Gasovi-to	Saturn (i Rahu)	Blizanci, Vaga, Vodolija
Pritivi	Zemlja	Ganeša	Čvrsto	Merkur	Bik, Devica, Jarac

Dok će trigoni uvek imati istu tatvu ili elemenat, kendre (ugaone kuće) će imati sva četiri elementa u sebi. Ovi elementi udruženo govore o guni ili kvalitetu rašija.

Klasifikacija znakova na osnovu kretanja

Na osnovu kretanja, znakove klasifikujemo na: čara (pokretne), stira (fiksne) i dvišvabava (dvojne, koji su i fiksne i pokretne prirode). Ova tri tipa kretanja zasnivaju se na tri gune ili tri kvaliteta materijalno uslovljenje kreacije, poznate kao *satva, rađas i tamas*.

Znaci i njihove gune

Satva je kvalitet dobrote, znanja, podrške i ravnoteže. Rađas pokazuje kretivnu moć, pokretljivost i visok nivo energije, dok tamas pokazuje neznanje, propadanje i nedostatak energije. Ove tri gune predstavljene su Trimurtijem, tj. Višnuom (sveprisutnim), Bramom (sveznajućim) i Šivom (svemoćnim) budući da oni pomažu u prevazilaženju uticaja tri gune.[23].

Četiri pokretna znaka – Ovan, Rak, Vaga i Jarac su pod kontrolom Brame budući da imaju visoku energiju i dominaciju rađas gune. Pokazivaće tendenciju da požuruju stvari kao i da sagore svoje resurse. Dakle, koja god kuća ima pokretni znak u sebi, podsticaće osobu da žuri u stvarima koje se tiču date kuće. Čara lagna u

23   Prema Bagavad giti, mi treba da težimo da prevaziđemo gune kako bi postigli oslobođenje (nistraiguṇyo bhavārjuna – budi iznad guna, Arđuna. BG 2.45.).

horoskopu osobe govori o osobi koja je uvek spremna za pokret i može biti veoma preduzimljiva i kreativna.

Nakon pokretnih, četiri fiskna znaka su: Bik, Lav, Škorpija, Vodolija. Njihova priroda je da ostanu fiksni, nepokretni i njihova nesposobnost za pokret pokazuje dominaciju tamas gune. Zbog toga fiksni znaci imaju energiju Šive ili preciznije Rudre. Kada je osoba rođena sa fiksnim ascendentom, nije oduševljena promenama, voli da bude na istom mestu i da neguje dugoročne situacije.

Dvojni znaci su: Blizanci, Devica, Strelac i Ribe. Imaju snagu i ravnotežu prethodno spomenutih energija. Imaju moć pokreta kao pokretni znaci, ali mogu biti stabilni i nepokretni kao fiksni znaci. Kao takvi, oni imaju energiju i Brame i Rudre i zbog toga se kaže da su poput Višnua. Dakle, moć održavanja je najviša u ovim znacima.

Primena guna u đotišu je široka. Nemoguće je razumeti nivoe, manifestacije i alternacije različitih planetarnih pozicija i kombinacija bez guna. Dobar primer praktične primene ovog znanja bila bi procena ishoda različitih planetarnih joga (kombinacija) u horoskopu. U zavisnosti od gune znaka u kojem je joga formirna, saznajemo prirodu ishoda određene joge. Na primer, ukoliko razmatramo Saturn-Mesec kombinaciju videćemo da mnogi đotiš klasici identifikuju ovu jogu kao Sadu jogu ili kombinaciju duhovnih tragalaca. Ovo je kombinacija našeg uma (manas) predstavljenog Mesecom i duke (tuge, ograničenja) predstavljene Saturnom. Kako Saturn boravi u znaku oko 2,5 godina, a Mesec 2,5 dana, ova joga će se formirati svakog meseca tokom ta dva i po dana Mesečevog tranzita. Ali kvalitet ili priroda joge zavisi od gune rašija u kojoj se nalazi. Joga u tamas znacima može odvesti u depresiju i uznemirujuće misli i emocije; u rađas znacima može dovesti do toga da se stvori više u životu, gura dalje i pored razočaranja, dok u satva znacima daje duhovnu jogu ili jogu koja vodi do određenog tipa znanja.

Drugim rečima, guna znaka će pokazati kakvi resursi postoje za unapređenje joge.

Pokret	Znak	Guna
Pokretni	Ovan, Rak, Vaga, Jarac	Rađas
Fiksni	Bik, Lav, Škorpija, Vodolija	Tamas
Dvojni	Blizanci, Devica, Strelac, Ribe	Satva

Kretanje znaka može se koristi za određivanje udaljenosti između dva mesta. Ovde će pokretni znaci pokazati duga putovanja (prekookeanska), dvojni upućuju na kraća putovanja, a fiksni pokazuju ostajanje na istom mestu ili odsustvo želje za pokretom.

Naročito dobar primer u prediktivnoj astrologiji je određivanje gde osoba može da očekuje najviše podrške u traženju posla. Za ovo posmatramo da li je vladar 10. kuće od Meseca smešten u pokretnom, dvojnom ili fiksnom znaku jer će on pokazati da li osoba posao treba da traži u inostranstvu, na nekoj udaljenosti od kuće (poput kratkog putovanja ili rada u susednom mestu) ili u mesto življenja.

Postoje različite planetarne joge koje se određuju na osnovu pozicije u pokretnom, dvojnom ili fiksnom znaku. Sjajan primer za ovo dao je Mahariši Parašara u svom delu BPHŠ u poglavlju o nabasa jogama, naročito o ašraja jogama. Mudraca Parašara objašnjava da psotoje tri tipa ašraja joga, naime: rađu, musala i nala joga, u zavisnosti od pozicije u čara, stira ili dvišvabava znacima.

Primer horoskopa: Šest planeta u fiksnim znacima

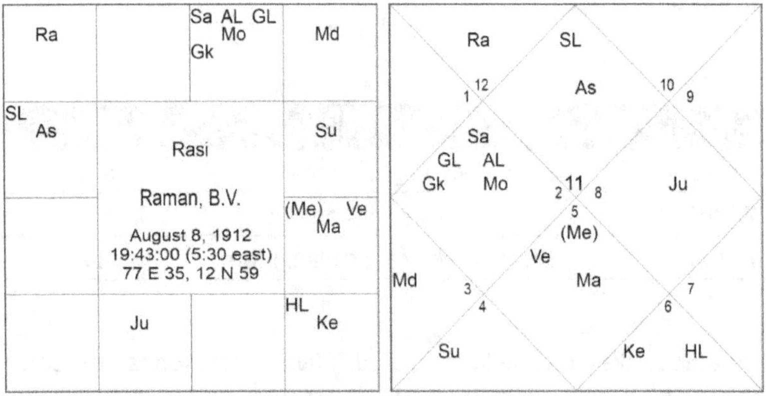

	As:	10 Aq 35	Su:	23 Cn 00- AmK	Mo:	23 Ta 42- AK	Ma:	21 Le 23- BK
	Me (R):	13 Le 58- MK	Ju:	12 Sc 59- PiK	Ve:	2 Le 16- DK	Sa:	10 Ta 11- PK
	Ra:	22 Pi 49- GK	Ke:	22 Vi 49	HL:	9 Vi 05	GL:	19 Ta 00

U ovom horoskopu, šest planeta je u stira (fiksnim) znacima formirajući tako musala jogu, koja uključuje lagnu (ascendant), paka lagnu (poziciju vladara lagne) kao i karaka lagnu (poziciju atmakarake). Osoba je ceo život provela i radila u selu gde je rođena i tu su ga našle slava i priznanje za njegovo delo. Primećujemo da je aruda lagna u konjukciji sa Mesecom i Saturnom, dok je Jupiter u 7. od AL. Ova kombinacija daje slavu jer Mesec pokazuje podršku javnosti, dok Jupiter na osi 1-7 od AL daje priznanje zahvaljujući znanju osobe. Ovo je horoskop B. V. Ramana, čuvenog vedskog astrologa, autora mnogobrojnih knjiga i članaka.

Inteligencija osobe je snažno obojena prirodom znaka na lagni. Na primer, ako je osoba rođena sa dvojnom lagnom ili dominacijom dvojnih znakova u horoskopu usled pozicija planeta, možemo zaključiti da osoba ima tendenciju da kontroliše. Ovo dolazi do izražaja zato što su dvojni znaci između pokretnih i fiksnih i pokušavaju da kontrolišu i stabilizuju njihove pokrete. Različiti tekstovi govoreći o generalnim osobinama svakog ascendenta uzimaju u obzir ovaj aspekt.

Ova klasifikiacija se vidi u esencijalnom đotiš metodu, naime u raši drištiju. Kada određujemo raši drišti, dolazimo do sledećeg:

- Svi pokretni znaci aspektuju sve fiksne znakove osim prvog do sebe.

- Svi fiksni znaci aspektuju sve pokretne znakove osim prvog do sebe.

- Dvojni znaci aspektuju jedni druge.[24]

om tat sat

---

24   Rat, S. (2001), Narajana daša, Sagar Publikacije.

Uzdizanje znakova i mesta prebivališta

दीर्घोपेता निशि वृषनृयुक्ककिकिचापाजनक्राः
हित्वा युग्मं भवनमपरे पृष्ठपूर्वोदयाश्च।
शेषाः शीर्दीदयदिनबलाः श्रेष्ठता राशयस्ते
मीनाकारद्वयमुभयतः काललग्नं समेति॥ १४॥

dīryopetāniśivṛṣanṛyukkarkicāpājanakrāḥ
hitvāyugmaṁbhavanamaparepṛṣṭapūrvodayāśca |śeṣāḥśīrdīdayadi
nabalāḥśreṣṭhatārāśayaste
mīnākāradvayamubhayataḥkālalagnaṁsameti || 14||

Prevod: Bik, Blizanci, Rak, Strelac, Ovan i Jarac su jaki tokom noći. Izuzev Blizanaca, svi ovi znaci uzdižu se leđima. Svi drugi znaci uzdižu se glavom i jaki su tokom dana. Oni su najizuzetniji među rašijima. Kada su Ribe povezane sa lagnom u bilo koje doba, uzdizanje će biti sa obe strane – ubhajodaja.

Komentar: Ova šloka počinje klasifikovanjem svih znakova na dve grupe, znakova jakih danju i znakova jakih noću. Na osnovu ovoga možemo videti narav osobe, kako će osoba organizovati svoj dan itd. Ovo znanje se koristi za izgubljene horoskope (našta đataka) da bismo odredili da li je osoba rođena u toku dana ili u toku noći. U knjizi o našta đataki Mukunda Daivađnja kaže:

द्युरात्रि नामधेयेषु विलोमज्जन्म सम्भवह्।
लग्न भागैः क्रमेणैव वेला मृग्यानुपाततः॥

dyurātrināmadheyeṣuvilomajjanmasambhavaḥ |
lagnabhāgaiḥkrameṇaivavelāmṛgyānupātataḥ | |

Prevod: Ako se znak koji je jak danju uzdiže na prašna lagni, rođenje je noćno i obrnuto, ako je prašna lagna noćni znak, rođenje je dnevno.

Takođe, planete jake danju biće jače u znacima koji su jaki danju, dok planete koje su jake noću dobijaju na snazi kada su smeštne u znacima jakima noću. Planete koje su jake danju su: Sunce, Jupiter i Saturn. Noćne planete su: Mesec, Mars i Venera, dok se Merkur smatra jakim u svim znacima jer je najjači u sandiju ili u trenutku spajanja dana i noći.

Tabela: Dnevni i noćni znaci

	Jaki danju	Jaki noću
Znaci	Lav, Devica, Vaga, Škorpija, Vodolija, Ribe	Bik, Blizanci, Rak, Strelac, Ovan i Jarac

Pored ubhajodaja znakova koje spominje Vaidjanata Dikšita, postoje još dva tipa uzdizanja u vezi sa znacima. Znak se može uzdizati: 1) Glavom – širšodaja, 2) Leđima – prištodaja i 3) i glavom i leđima – ubhajodaja.

Ovan, Bik, Rak, Strelac i Jarac su znaci koji se uzdižu leđima i poznati su kao prištodaja znaci. Lav, Devica, Vaga, Škorpija, Vodolija i Blizanci uzdižu se glavom i poznati su kao širšodaja znaci. Ribe su

jedini znak koji se uzdiže i glavom i leđima i poznate su kao ub-
hajodaja znak.

Ova podela može se koristiti za objašnjenje prirode znaka kao i za
objašnjavanje okolnosti rođenja, tj. da li će se dete roditi sa glavom
napred ili sa nogama napred. Neki astrolozi su mišljenja da se ova
osobina znakova koristi u dašama baziranim na rašijima da bi se od-
redio trend daše deljenjem perioda na dva (ili tri) dela u zavisnosti
od ove i drugih osobina znakova[25].

Tabela: Širšodaja, prištodaja i ubhajodaja podela

Uzdizanje	Znaci
Uzdizanje glavom (širšodaja)	Lav, Devica, Vaga, Škorpija, Vodolija i Blizanci
Uzdizanje leđima (prištodaja)	Ovan, Bik, Rak, Strelac, Jarac
I glavom i leđima (ub-hajodaja)	Ribe

अथ मीनादीनां सलिलादिसंज्ञाविशेषाः।
athamīnādīnāṁsalilādisaṁjñāviśeṣāḥ |

Prevod: Ovo su mesta obitavnja znakova počevši od Riba.

मीनालिकर्कटमृगाः सलिलाभिनास्तोयाश्रया घटवधुयुगगोपसंज्ञाः।
निस्तोयभूतलचराः क्रियचापतौलिकण्ठीरवाश्च बहवः प्रवदन्ति सन्तः॥
१५॥

mīnālikarkaṭamṛgāḥsalilābhināstoyāśrayāghaṭavadhuyugagopasaṁ
jñāḥ|

---

25   Rat, S. (2001), Narajana daša, Sagar publikacije.

nistoyabhūtalacarāḥkriyacāpataulikaṇṭhīravāścabahavaḥpravadant
isantaḥ || 15||

Prevod: Ribe, Škorpija, Rak i Jarac obitavaju u vodi. Vodolija, Devica, Blizanci i Bik su orijentisani ka vodi, a znalci kažu da Ovan, Strelac i Lav pokazuju suva mesta bez vode i planine.

Komentar: Šloka 15 upućuje na mesta na kojima znaci vole da borave. Ova podela je važna i nalazi svoju primenu u vezi sa zdravljem osobe. Voda čini više od dve trećine težine ljudskog tela i bez nje bismo za nekoliko dana umrli. Ljudski mozak je sačinjen od 95% vode, krv od 82% a pluća su 90% sačinjena od vode. Đala[26] ili elemenat vode je taj koji se kreće kroz naše telo, obezbeđujući hranu i hraneći telo. Na osnovu ovoga zaključujemo da su vodeni znaci najpovoljniji za zdravlje, dok se suvi znaci smatraju za najlošije.

U poglavlju IX, šloka 30, autor nam daje smernice za primenu ovoga.

लग्नाधिपे नाशगते तु शुष्कराशौ तनोः कष्टमर्तव कृच्छम्।
लग्नाधिपस्थंशपराशिनाथः शुष्कग्रहः स्यात्तनुशुष्कमाहुः॥ ३०॥

lagnādhipenāśagatetuśuṣkarāśautanoḥkaṣṭmartavakṛccham |

Prevod: Kada je vladar lagne u 8. kući, koji je pritom suv znak, astrolozi kažu da će osoba iskusiti veliku telesnu patnju (šloka 30). I ovde su znaci koji borave u vodi najbolji za zdravlje.

nistoyabhūtalacarāḥkriyacāpataulikaṇṭhīravāścabahavaḥpravadant

---

26   Đala je jedna od pančatatvi ili pet primarnih stanja kreacije. Ova stanja su: energija (agni), čvrsto stanje (pritivi), etar (akaša), tečno (đala) i gasovito (vaju).

Mesto	Znaci
Obitavaju u vodi	Ribe, Škorpija, Rak, Jarac
Usmereni su ka vodi	Vodolija, Devica, Blizanci, Bik
Suvi	Ovan, Lav, Vaga, Strelac

Ova klasifikacija upućuje na omiljena mesta boravka osobe, njeno omiljeno okruženje i ambijent. Imaće važnu ulogu u određivanju stanja nečijeg zdravlja. Aflikcija tatve nosi bolesti telu, a horoskop treba da pomogne u određivanju koja tatva teži da izaziva disbalans. Ajurveda, vedska medicina, koristi tatve u definisanju doša (telesnog tipa), bolesti i lekova, što je sve moguće pročitati i u horoskopu osobe.

Snaga znakova na osnovu njihovih stopala

अथ भावविशेषसम्बन्धाम्मेषादीनां चतुष्पदादिसज्ञापूर्वकं बलित्वकथ नम्।

athabhāvaviśeṣasambandhāmmeṣādīnāṃcatuṣpadādisajjñāpūrvak ṃbalitvakathanam |

चापापरार्धहरिगोमकरादिमेषा मानस्थिता बलयुताश्च चतुष्पदाख्याः।
कन्यानृयुग्मघटटाळीशारषाणङ्य लग्नान्विता यदि नरा द्विपदा बलाढ्
याः॥ १६॥

cāpāparārdhaharigomakarādimeṣāmānasthitābalayutāścacatuṣpa dākhyāḥ|
kanyānṛyugmaghaṭaṭāūḹīśāraṣāṇaḍyalagnānvitāyadinarādvipadāba lāḍhyāḥ || 16||

Prevod: Druga polovina Strelca, Lav, Bik i prva polovina Jarca i Ovna su obdareni snagom kada su u vezi sa 10. kućom i zovu se čatušpada (četvoronožni). Devica, Blizanci, Vodolija, Vaga, prva polovina Strelca su jaki kada su na lagni (ascendent) i poznati su kao ljudski ili dvonožni rašiji.

मृगापरार्द्धान्त्यकुलीरसंज्ञा जलाभिधाना बलिनश्चतुर्थे।
जलाश्रयो वृश्चिकनामधेयः स सप्तमस्थानगतो बली स्यात्॥ १७॥

mṛgāparārddhāntyakulīrasaṁjñājalābhidhānābalinaścaturthe|
jalāśrayovṛścikanāmadheyaḥsasaptamasthānagatobalīsyāt || 17||

Prevod: Druga polovina Jarca, Ribe i Rak poznati su kao vodeni znaci i snagu dobijaju u 4. kući. Škorpija je znak koji traži pribežište u vodi i jaka je u 7. kući.

Komentar: Ovde nas autor upoznaje sa tim kakva su stopala i hod znakova. Znaci mogu biti četvoronožni ili čatušpada, dvonožni ili dvipada, kombinovani ili bahušpada i bez stopala (plove vodom) ili đalačara. Treba obratiti pažnju da su druga polovina Jarca, Ribe i Rak đalačara znaci. Ovo nije u skladu sa Parašarom koji kaže da znak Rak treba tretirati kao bahušpada znak zajedno sa Škorpijom. Ali ono što je bitno je da su đalačara znaci jaki kada su u četvrtoj kući šudija (čistote).[27]

---

27   Jedna od 24 emanacije Lakšmi koja prati Narajana.

Tabela: Podela znakova na osnovu broja stopala

Broj stopala	Naziv	Znakovi
Četvoronožni	Čatušpada	Ovan, Bik, Lav, druga polovina Strelca, prva polovina Jarca
Dvonožni	Dvipada	Blizanci, Devica, Vaga, Vodolija
Višenožni	Bahušpada	Rak, Škorpija
Plivajući	Đalačara	Ribe

Ova kalsifikacija znakova može se upotrebiti za određivanje punog potencijala ili snage osobe.

- **Čatušpada znaci** su oni koji će se oslanjati na fizičku snagu (mišiće). To će biti njihov način za ostvarivanje stvari i ciljeva u životu.

- **Dvipada znaci** su oni koji će prednost davati intelektu.

- **Bahušpada ili kita (insekt) znaci** su oni koji žive na osnovu instinkta i intuicija je naročito važna ovim ljudima.

- **Đalačara** su najkompletniji i najprilagođeniji jer mogu da balansiraju između snage, intelekta i intuicije.

Postoje četiri vrste dija ili inteligencije predstavljene sa četiri ugaone, kendra kuće. Poznate su kao:

- Budi (inteligencija u vezi sa 1. kućom mozga i potencijala za učenje),

- Šudi (inteligencija u vezi sa 4. kućom čistote; emotivna inteligencija),

- Vridi (inteligencija u vezi sa 7. kućom rasta i prosperiteta u životu),

- Sidi (inteligencija u vezi sa 10. kućom ostvarenja i veština).

Potpuna ravnoteža između ova četiri tipa inteligencije zove se samadi.

Sada možemo napraviti vezu između znakova i tipova inteligencije.

Čatušpada ili četvornožni znaci (Ovan, Bik, Lav, druga polovina Strelca, prva polovina Jarca) jaki su u 10. kući, koja je sidi kuća. Ova grupa znakova će zbog toga uvek težiti praktičnim vrednostima života, uvek tražeći ostvarenje i plodove svog rada. Oni su takođe dobri u fizičkim poslovima.

Dvipada ili ljudski znaci (Blizanci, Devica, Vaga, Vodolija) jaki su kada su na lagni. Zato inteligencija, obrazovanje i razmišljanje dobijaju vitalni značaj za ove ljude.

Šudi se najčešće prevodi kao čišćenje, pročišćavanje ili kupanje. Iz ovoga možemo zaključiti da fizičko i mentalno kupanje i pročišćavanje, poznato kao mantra šodana (*mantra-śodana)* ima veliki značaj u duhovnom razvoju. Zbog toga će ovi znaci uvek biti zaokupljeni stvarima koje su u vezi sa čistoćom i težiće mokši. Kako 4. kuća predstavlja srčanu čakru, u kojoj sedi Išta devata, čistoća je neophodan uslov za osobu koja teži duhovnosti.

केन्द्रं गतोऽहि द्विपदो बलाढ्यः चतुष्पदाः केन्द्रगता रजन्याम्।
कीटास्तु सर्वे यदि कण्टकस्थाः सन्धिद्वये वीर्ययुता भवन्ति॥ १८॥

kendraṁgato'hidvipadobalāḍhyaḥcatuṣpadāḥkendragatārajany
ām|

kīṭāstusarveyadikaṇṭakasthāḥsandhidvayevīryayutābhavanti ||
18||

Prevod: Dvonožni znaci dobijaju snagu kada su smešteni u kendri. Četvoronožni znaci u kendri snagu dobijaju tokom noći. A kita (insekt) rašiji imaju snagu tokom jutarnjeg i večernjeg sandija (dva spoja između noći i dana).

Komentar: Reč *mānasthitā* (manastita) upotrebljena je u stihu 17 da bi označila snagu četvoronožnih znakova. To je mesto počasti ili najjače kuće u horoskopu, odnosno 10. kuće. Ova reč se sastoji od dve reči – mana, što označava um, i stita što znači mirovati. Dakle, ovo je mesto na kojem je um sa svim svojim čulima (karma i đnana indrijama) pod kontrolom. Zbog ovoga je 10. kuća poznata i kao Indrastana jer je Indra onaj koji je pokorio čula.

Svaki znak ili planeta u 10. kući imaće izuzetan uticaj na osobu. Kendra kuće povezuju se sa Šri Višnuom jer su odgovorne za naše održavanje u ovom životu, a među njima 10. kuća je najjača.

Ovaj stih takođe upućuje na to da ljudski znaci imaju snagu tokom dana, dok četvoronožni znaci snagu dobijaju tokom noći. Sandi ili spoj između dana i noći, odnosno svitanje i zalazak, je vreme kada su kita rašiji najjači. Ove činjenice treba imati na umu kada se procenjuje šadbal ili šest izvora snage.

om tat sat

Podela znakova na datu, mula, điva

अथ राशीनां धातु-मूल जीवसज्ञाः।
atharāśīnāṁdhātu-mūlajīvasajjñāḥ |

धातुमूलं जीवमित्याहुरार्या मेषादीनामोजयुग्मे तथैव।
स्वर्णाद्वातुमृत्तिकान्तस्तृणान्तं वृक्षान्मूलं जीवकूटः सजीवः॥ १९॥

dhāturmūlaṁjīvamityāhurāryāmeṣādīnāmojayugmetathaiva |
svarṇādvātu rmṛttikāntastṛṇāntaṁvṛkṣānmūlaṁjīvakūṭaḥsajīvaḥ ||
19 ||

Prevod: Različiti komentari u tajnosti dati od strane mudraca kažu
da znaci počevši od Ovna predstavljaju datu, mula i điva. U istom
redosledu oni su neparni i parni. Od zlata do gline su datu, od trave
do drveća su mula, a sva živa bića su điva.

Komentar: Ova šloka odnosi se na proces kreacije. Svami Šivanada
kaže: "Datu su minerali i ti minerali isto imaju određeni tip budija
(inteligencije). Prakriti ili Šakti (prirodna energija) se u ovim mi-
neralima manifestuje kao toplota, svetlost, zvuk, megnetna sila i
elektricitet. Među njima, elektricitet je najjači. Ovo je poznato kao
butašakti. U svetu biljaka (mula), budi je na višem stepenu nego
kod minerala. U ovom svetu vidimo život jer se biljke hrane, rastu

itd. Život se naziva i prana tako da se u ovom svetu Šakti (energija) manifestuje kao Pranašakti. I ovo je viši nivo od butašaktija jer životna sila predstavlja energiju jaču od elektrona. U životinjskom svetu, Šakti se manifestuje kao Manasašakti što govori o tome da je mana (um) razvijen. Ovde se nalazi razlikovanje uzroka i posledice, bola i zadovoljstva. Manasašakti je viši oblik od Pranašakti."[28]

Vidimo dakle da se podela u pitanju može posmatrati kao nivo svesnosti, gde datu pokazuje osobu orijentisanu ka materijalnim stvarima, mula prema okruženju, globalnom dobru, a điva teži intelektualnim delatnostima. Od Parašare saznajemo i o planetama u vezi sa ovom podelom:

राह्वारपंगुचन्द्रश्च विज्ञेया धातुखेचराः।
मूलग्रहौ सूर्यशुक्रौ अपरा जीवसंज्ञकाः॥ ४७॥

rāhvārapaṁgucandraścavijñeyādhātukhecarāḥ|
mūlagrahausūryaśukrauaparājīvasaṁjñakāḥ || 47 ||

Datu planete su Rahu, Mars, Saturn i Mesec; Sunce i Venera su mula planete a Merkur, Jupiter i Ketu su điva planete.

Praktična primena ove podele znakova na datu, mula i điva je u produbljivanju razumevanja različitih planetarnih joga u horoskopu na osnovu kojih se savetuju remedijalne mere. Na primer, u slučaju negativne karmičke kombinacije, ovo znanje će nam pomoći da shvatimo da li je loše delo načinjeno prema ljudima/životinjama (điva), biljkama (mula) ili neživim objektima (datu). To nam produbljuje pogled u karmičke posledice, ako je osoba povredila drugo živo biće ili je ukrala novac, replika toga će biti određena patnja.

---

28   Iz dela Svami Šivanande

Ovo znanje koristi se i u određivanju izvora bogatstva. Kako svaki raši predstavlja tip materijalnih resursa, ako je joga koja nosi bogatstvo u datu rašiji, bogatstvo osobe će doći od minerala, dragog kamenja itd. Mula će pokazati bogatstvo koje potiče od biljaka, useva i slično, dok điva pokazuje rad sa ljudima, inteligencijom itd.

Još jedna vitalna podela izvire odavde. Ovo je citat sa radionice o *Turagadi jogama* koju je prezentovao pandit Sanđaj Rat:

"Preuzimajući svetlo nakšatri, Prađapati je naselio Zemlju biljakama."

Celokupno carstvo bilja nastalo je iz svetla nakšatri ili fiksnih zvezda. Kako su ove zvezde fiksne, nemaju pokret, tako su i biljke nepokretne. Njihovo telo je većinski sačinjeno od pritivi tatve ili elementa zemlje i zbog toga su pod vladavinom Merkura.

Slično, životinjsko carstvo je pod uticajem Venere. Sve životinje su čara ili pokretne i kaže se da su nastale iz svetlosti Tara grahe[29].

"Preuzimajući svetlost Tara grahe u znaku (rašiju), Prađapati je stvorio različite vrste životinja."

Celo životinjsko carstvo ima đala tatvu kao dominantan elemenat koja održava telo distribucijom hrane i kiseonika. Zbog toga je vladar životnjskog sveta Venera.

Kao što su biljke nastale iz pritivi tatve, životinje iz đala tatve, čovek je nastao kroz svetlo (agni) Sunca i Meseca čineći tako manušja stvorenja sa više svetlosti, znanja i inteligencije.

Ove dve tatve – đala i pritivi su međusobno prijateljske i njihove vladajuće planete smatraju se benefičnima za materijalno telo. Suprotno tome, agni i vaju tatva smatraju se štetnima za fizičko

---

29   "Tara grahe su one koje izgledaju kao zvezde noću." Pandit Sanđaj Rat, Turagadi joga radionica

telo i naglašeno su malefične. Ovo predstavlja izvor prve podele planeta na benefike i malefike sa stanovišta materijalne kreacije.

Kaste znakova

अथ मेषादीनां विप्रत्वादिनरूपणाम्।
athameṣādīnāṁvipratvādinarūpaṇām |

Prevod: Sledi status bramina i drugih za znakove počevši od Ovna.

Komentar: Ono što se adresira ovde odnosi se na prirodu znakova na osnovu njihove kaste ili varne. Ovde autor koristi reč *vipra* kao reference za braminsku kastu jer ona znači onaj ili oni koji su mudri.

Ne iznenađuje što je u Kali jugi i moderna Indija takođe skrenula sa puta darme kao i ostatak sveta. Razvila je najrigidniji mogući kastinski sistem u kojem umesto veština i znanja kao u drevna vremena, kastu određuje porodica, odnosno samo rođenje. Treba znati da ne žive svi koji su rođeni sa braminskim privilegijama u skladu sa očekivanjima od ove kaste i da ćemo naći dugi niz bramina danas koji uprkos braminskom nasleđu obavljaju karmu koja im ne priliči. Ovde govorimo o razlici između nasleđa ili genetike i nečije karme. U đotišu, prvo se procenjuje putem četiri kale nadijamše kao što je opisanu u *Ćandra kala nadiju*. Drugo se određuje na osnovu varnada lagne. Kako je varna u isto vreme i darma ili svrha, planetarne pozicije u šaštjamši govore o specifičnoj svrsi koju moramo ispuniti u ovom životu, a koja može postojati nevezano za profesiju kojom se bavimo.

मीनालिवृषभा विप्राश्चापाजहरयो नृपाः।
कुम्भयुग्मतुला वैश्याः शूद्राः स्त्रीमृगकर्कटाः॥ २०॥

mīnālivṛṣabhāviprāścāpājaharayonṛpāḥ |
kumbhayugmatulāvaiśyāḥśūdrāḥstrīmṛgakarkaṭāḥ || 20||

Prevod: Ribe, Škorpija i Bik su mudri (bramini); Strelac, Ovan i Lav su vladari (kšatrije); Vodolija, Blizanci i Vaga su trgovci (vaišje) dok su Devica, Jarac i Rak sluge (šudre).

Komentar: Ovde su prikazane kaste znakova. Podela znakova na četiri kaste – bramina, kšatrija, vaišji, šudri, način su definisanja životne svrhe ili darme svih ljudi u društvu i to je praksa koja se koristi od vremena Veda.

Ovo naročito svoje mesto nalazi u oblasti poslova gde svaka profesija može biti smeštena u jednu od četiri grupe. Braminska kasta je kasta intelektualaca, učitelja i predavača; kastu kšatrija čine vladari, lideri, vojnici, policajci, svi oni koji čuvaju nešto u zajednici; vaišje su odgovorne za trgovinu i novčane transakcije, dok su šudre radnici koji se mogu uporediti sa plavim kragnama današnjice.

Značajno je da svrstavanje znakova u četiri kaste ili varne pokazuje neke različitosti u drugim tradicionalnim tekstovima. Obično vodeni znaci se pripisuju kasti bramina dok je u ovom slučaju Rak izostavljen i zamenjen Bikom. Umesto toga, Rak nalazi mesto među vaišjama sa dva zemljana znaka, Devicom i Jarcem. Autor je zamenio kaste dva znaka, Raka i Bika. Kako je Bik sedište Somanata Đotirlinge, najvažnije predstave Šive u kojoj je Šiva prikazan kako jaše na biku Nandiju čije četiri noge predstavljaju četiri Vede, može biti prigodno svrstati Bika u kastu bramina. On je omiljeni među mudracima i tragocima i braminima, i prvi je Guru ili Paramešti Guru.

Rak će sa druge strane dati osobi osobine koje se vezuju za kastu vaišja. Zbog toga je podela znakova prema njihovim kastama veoma pogodna za razumevanje primarne svrhe ili darme svakog znaka.

om tat sat

Snaga znakova u zavisnosti od tački u vremenu

अथ मेषादीनां कालविशेषे अन्धत्वादिनिरूपणम्।
athameṣādīnāṁkālaviśeṣeandhatvādinirūpaṇam |

Prevod: Slede vremenski periodi slepila i slično za znakove počevši od Ovna.

Komentar: Svaki znak ima svoje vreme slabosti i svoje vreme snage. Ovi periodi su definisani: a) Putem četiri spoja, preseka u danu ili sandija, naime - svitanja, podneva, zalaska i ponoći i b) Zodijačkim spojevima između vodenih i vatrenih znakova.

Tačke preseka uvek ostavljaju teškoće u horoskopu jer simbolišu promenu iz jednog stanja u drugo, prelaženje granice i tokom takvog vremena nepohodni su blagoslovi Višnua kako bi se obezbedio kontinuitet i održanje. Iz ovog razloga, Šri Višnu silazi i inkarnira se na kraju svakog doba (juge) kako bi uspostavio kontinuitet u univerzumu.

Svaki znak u sebi sadrži svih pet elemenata sa dominacijom jednog, u zavisnosti od trikone (vatrene, zemljane, vazdušne i vodene) počevši od Ovna. Slabost do koje dolazi usled sandija izaziva aflikciju jednog od pet elemenata koji je predstavljen znakom. Kako su ovih pet elemenata izvori organa čula, kao rezultat dobićemo stradanje ili oštećenje čula.

Tabela: Tatve i čula[30]

Tatva	Bava	Đnana indrija (ostvarena informacija ili znanje)	Bava
Ākaša	3.	Sluh	11.
Vaju	1.	Dodir	9.
Agni	2.	Vid	10.
Đala	5.	Ukus	1.
Pritivi	4.	Miris	12.

Pet elemenata raspoređeni su u pet kuća u horoskopu u kojima dati element nalazi svoje mesto. Vaju vlada prvom kućom, agni drugom, akaša trećom, pritivi četvrtom i najzad đala petom. Ove kuće pokazuju mesto tatve i čulni organ kojim tatva vlada; recimo, druga kuća predstavlja oči, treća uši itd.

Prema Mahariši Đaiminiju, 9. kuća od ovih kuća pokazaće samo čulo i njegovo funkcionisanje. Dok 2. kuća u horoskopu pokazuje oči, 9. od nje, odnosno 10. kuća predstavljaće vid.

Ovde autor koristi reč *andha* koja znači slep, slepilo. Međutim, ovo se ne mora odnositi nužno na gubitak vida već na nepostojanje određene vrste znanja ili nečega ili na nešto što se ne može videti ili naći. Planete u anda nakšatri mogu učiniti nekoga profesorom, istraživačem, medijatorom ili drugom vrstom delovanja obeleženog dubokim uranjanjem u stvari koje su ranije bile nepoznate. Anda nakšatre su: Rohini, Pušja, Utara Falguni, Višaka, Purva Ašada, Daništa i Revati nakšatra[31].

---

30   Rat, S. (2006), Osnove vedske astrologije, Sagittarius publikacije (prevod RAMA).

31   Rat, S. (2008), Brihat nakšatra, Sagittarius publikacije.

सदा निशान्धाः क्रियगोमृगेशा मध्यन्दिने कर्कटयुग्मकन्ताः।
पूर्वाह्णकाले बधिरौ तुलाली धन्वी मृगाख्यश्च तथाऽपराहे॥ २१॥

sadāniśāndhāḥkriyagomṛgeśāmadhyandinekarkaṭayugmakantāḥ|
pūrvāhvakālebadhirautulālīdhanvīmṛgākhyaścatathā'parāhe ||
21||

Prevod: Ovan, Bik i Jarac su slepi u ponoć. Rak, Blizanci i Devica slepi su u podne. Vaga i Škorpija su gluvi u podne, a Strelac i Jarac posle podne.

Komentar: Slepilo nastaje kao posledica slabosti vatre ili agni tatve. Svi noćni znaci pate od ove slabosti ili agni doše. To su Ovan, Bik, Blizanci, Rak, Strelac i Jarac. Međutim, pošto Strelcem vlada Jupiter, koji vlada akaša tatvom, a koja je uzrok harmonizacije svih elemenata, Strelac je oslobođen od ove doše, ona se umesto toga pripisuje desetom (vid) znaku od njega, odnosno Devici. Ali pošto je akaša večno podložan sopstvenim slabostima kao i uticaju vajua koji izaziva njegovo rasipanje, Strelac neće biti oslobođen doše koja je u vezi sa sluhom i dodirom.

Među noćnim znacima, Ovan i Bik vladaju početkom noći, dok Bliznaci i Rak vladaju krajem noći zahvaljujući njihovoj blizini dnevnim znacima. Kao rezultat toga, dele se u dve grupe. Slično tako, Jarac i Strelac vladaju zalaskom gde Strelac vlada početkom zalaska Sunca, a Jarac krajem zalaska. Kao rezultat, Jarac, budući bliži početku noći pridružuje se Ovnu i Biku dok je Strelac kroz Devicu blizak Raku i Blizancima. Ovde prva grupa – Ovan, Bik i Jarac ostvaruju svoje slabosti tokom najtamnijeg dela noći, odnosno tokom ponoći. Za razliku od toga, Blizanci, Rak i Strelac (zamenjen Devicom) postaju slabi tokom najsvetlijeg dela dana, odnosno podneva, budući blizu istog. Posebno treba obratiti pažnju da se ne pobrkaju podne i astronomska sredina dana koja se javlja kada je Sunce smešteno pod uglom od tačno 90 stepeni u odnosu na ravan Zemlje. Ovo se najbolje utvrđuje u horoskopima gde je Sunce smešteno u 4. kući (ponoć) ili u 10. kući (podne) od lagne.

U takvim slučajevima Sunce će biti u 4. ili 10. kući u zavisnosti od noćnog/dnevnog rođenja. Kada se nalazi u desetoj kući, naziva se *abiđit muhurta*. Jedna muhurta sastoji se od dve gatike ili 48 minuta i u okviru ovog koncepta ovaj raspon nakon i pre tačne ponoći/podneva može se svrstati u opseg jednog, odnosno drugog.

Gluvoća nastaje usled aflikcije akaša tatve. Dok su u prethodnom razmatranju znaci bili podeljeni na dnevne/noćne, ovde je prigodna podela znakova na ajane. Dan Deva počinje ulaskom Sunca u znak Jarca i završava se njegovim ulaskom u znak Raka. Odatle počinje dan Asura. Šri Višnu koji neprestano pokušava da pročisti akaša tatvu i uspostavi darmu je u najvećoj suprotnosti sa asurama (stvorenjima noći) koji pokušavaju da svet gurnu u nered uništavajući ritu ili red i čineći asat ili neistinu. Zbog toga, Asure koje se uzdižu u Raku i zalaze u Jarcu predstavljaju akaša došu i najgore su tokom najmračnijeg dela noći između Vage i Škorpije.

U ponoć, u Vagi, Asure su najaktivnije i jesenji Šarada Navaratri se održava da bi se probudila Majka Božija za pomoć i zaštitu tokom trajanja znakova od Vage do Jarca. Među ova četiri znaka, Vaga i Škorpija su najbliži ponoći, dok su Strelac i Jarac bliži izlasku Sunca što ove znakove deli na dve grupe.

मृगांनश्चापघरश्च पङ्गू सन्धिद्वये नाशकरौ भवेताम्।
स्याद‍ृक्षसन्धिः कटकालिमीनभान्तं प्रगण्डान्तमिति प्रसिद्धम्॥२२॥

mṛgāṁnaścāpagharaśca paṅgū sandhidvaye nāśakarau bhavetām |
syādṛkṣasandhiḥ kaṭakālimīnabhāntaṁ pragaṇḍhāntamiti prasiddh
am || 22||

Prevod: Jarac i Strelac su hromi i uzrok su destrukcije tokom dva sandija (izlaska i zalaska). Kraj Raka, Škorpija i Ribe zovu se *rikša sandi* i poznati su i kao pragandanta (spoj ili sandi).

Komentar: Dva sumraka su izlazak i zalazak Sunca i 48 minuta pre i posle njih smatra se sandjom ili delom vremena tokom kojeg se osećaju efekti izlaska i zalaska.

Hromost je desenzitizacija jednog ili više delova tela i može izazvati umanjenu pokretnost. Izaziva ga aflikcija vaju tatve i posebno aflikcija prve ili devete kuće izaziva ovaj problem u horoskopu. Ova hromost ili nepokretnost nastaje tokom najhladnijeg dela godine na tački spajanja Strelca i Jarca. Kao rezultat toga, ova dva znaka najviše pate zbog vaju doše.

om tat sat

Boje i materijali planeta

अथ मेषादीनां वर्णविशेषः।

athameṣādīnāṁvarṇaviśeṣaḥ |

Prevod: Slede izabrane boje (ili oblici) znakova počevši od Ovna.

Komentar: *Varṇa* znači zvuk, boju, ten ili kastu. Kao zvuk, varna nas vraća na izvorne oblik univerzuma pre nastanka materijalne kreacije kada je samo zvuk postojao u realnosti beskrajnog etra. Kako se zvuk razvijao, razvijala se i kreacija i univerzum je počeo da dobija oblik. Oblici uzimaju različite boje kako se svetlost prosipa po njima. Ovaj process rezultovao je u različitom tenu, boji lica i kože, da bi na samom kraju dao i boju nečije profesije ili posla koji obavlja. Čak i danas ovo je vidljivo u našem razlikovanju između belih i plavih kragni koje predstavljaju različite oblike radne snage.

Raspodela ovih boja prema znacima data je u ovom odeljku.

रक्तगौरशुक्लकान्तिपाटलाः पाण्डुचित्ररुचिनीलकाञ्चनाः।
पिङ्गलः शबलबभ्रुपाण्डुरास्तुम्बुरादिभवनेषु कलिताः॥ २३॥

raktagauraśukakāntipāṭalāḥpāṇḍucitrarucinīlakāṅcanāḥ|
piṅgalaḥśabalababhrupāṇḍurāstumburādibhavaneṣukalitāḥ ||
23||

Prevod: Krvavo crvena, bela, papagajsko zelena, najlepša roze, bledo bela, šarena, sjajno crna, zlatna, žuta, šarena, tamno braon i beličasta su oblici (boje) znakova počevši od Ovna.

Komentar: Šarene boje Device i Jarca su najbolje opisane kao kombinacija bele i crne i crvene i plave. Ovo čini Devicu sivom, a Jarca tamno plavim ili ljubičastim. Beličasta boja Riba je najbolje opisana kao boja neba ili nebesko plava. Neki porede ovo sa bojom belog kristala. Sjajno crna se može porediti sa crnim kamenom koji se koristi za rezanje predstava božanstva Sunca u hramovima.

Boje znakova se koriste da opišu boju bilo kojeg objekta ili stvari, da daju savet o povoljnim bojama za nečije lične ili profesionalne poduhvate i u terapiji bojama. Boje po sebi služe i da opišu prirodu svakog znaka ponaosob:

- Ovan: krvavo crvena je kraljevska boja koju koriste kraljevi i vladari na dvorovima. Simboliše veliku moć i sposobnost vladavine. Ovan poseduje najviše kraljevske oznake.

- Bik: bela je boja održavanja ili hrane budući da je boja mleka koje je prva hrana deteta. Zbog toga je Bik neodvojiv od održavanja.

- Blizanci: papagajsko zelena, boja trave i biljaka. Simboliše rast i veliku plodnost, kao i mladost.

- Rak: roze ili svetlo crvena je boja koja se vezuje za raka. Tradicija uči da je Rak beo sa primesom crvene gde belo predstavlja božanstvo, a crvena moć da se začne dete i hrani se putem sopstvene krvi.

- Lav je svetlo žuta boja. Slično Raku, Lav se opisuje kao beo sa primesom žute boje. Ovde bela opet simboliše božanstvo a žuta je simbol energije koja pokreće stvari i može da izazove oplodnju. Na taj način, Rak i Lav preuzimaju uloge ženskog i muškog oblika božanstva.

- Devica je siva boja i najbolje se opisuje kao ona koja je u isto vreme i crna i bela. Ove dve boje zajedno pokazuju ulogu Device u diferenciranju i uzroku distinkcije između dva aspekta znanja, akcije itd. Devica svojom sivom bojom predstavlja creva u telu jer su ona odgovorna za izbacivanje toksina (crna boja) i očuvanje regenerišućih aspekta tela (bela).

- Vaga je crna boja. Budući prirodna sedma kuća, Vaga predstavlja ponovno rođenje i ovde crna boja predstavlja neznanje koje je uzrok ponovnih rađanja

- Škorpija je zlatna boja. U mnogim slučajevima, Škorpija je predstavljena kao svetlo žuta, dok je Strelac predstavljen zlatnom bojom. Ovde žuta boja predstavlja čistotu nakon prevazilaženja nečistote. Ovo je prirodna osma kuća okult-nog znanja i smrti gde, kroz pokoru, otpuštamo lošu karmu i efekte negativnog delovanja. Ovde je akumulirana naša loša karma i njenim pročišćavanjem postajemo oslobođeni od greha. Neki ovome dodaju svetlo braon boju koja potiče od Ketua.

- Strelac je žuta boja. Često se opisuje kao zlatan. Zlatna boja ili zlato generalno je mešavina zlata i drugih metala da bi se dobio najčvršći metal jer je zlato po sebi prilično meko. Mešavina metala predstavlja balans između dobra i zla i Strelac je bojno polje života na kojem osoba pokušava da čini ispravne stvari u svakom momentu.

- Jarac je tamno plava. Ovo je znak velike radne energije i sposobnosti da se radi dok telo više ne može da prati taj zahtev. To je industrijska boja i predstavlja velike fabrike i industriju zajedno sa znakom Vodolije.

- Vodolija je tamno braon boja i ponekad se opisuje i kao lju-bičasta gde Saturn kao vladar promoviše više tamno braon, a Rahu ljubičastu. Ljubičasta boja se često vezuje za otrove, lekove i ostale fermentisane produkte koji se koriste i u pozitivne i u negativne svrhe.

- Ribe su nebesko plava boja. Kaže se da je to boja odraza neba u vodi, prema nekima i boja belog kristala. Simboliše duhovnost kao najčistija boja duše.

Važno je naglasiti da učestala upotreba bilo koje boje, namerno ili nenamerno, naglašava uticaj određenog rašija u našem životu. Ovo znanje, u kombinaciji sa drugim đotiš principima, pomaže nam u svesnom uticanju na našu reputaciju (aruda lagna), posao (varnada lagna), zdravlje i ugled (lagna) i mnogo toga drugog.

वस्त्राद्यं शालिमुख्यं वनफलनिचयः कन्दली मुख्यधान्यम्
त्वक्सारं मुद्रपूर्वं तिलवसनमुखं त्विक्षुलोहादिकं च।
शस्त्राश्वं काङ्चनाद्यं जलजनिकुसुमं तोयजातं समस्तम्
द्रव्याण्याहुः क्रियादिष्वबलयुतेष्वल्पताधिक्यभाज्ञि॥ २४॥

vastrādyaṁśālimukhyaṁvanaphalanicayaḥkandalīmukhyadhānya mtvaksāraṁmudgapūrvaṁtilavasanamukhaṁtvikṣulohādikaṁ ca | śastrāśvaṁkāñcanādyaṁjalajanikusumaṁtoyajātaṁsamastam dravyāṇyāhuḥkriyādiṣvabalayuteṣvalpatādhikyabhāñji || 24||

Prevod: Odeća (Ovan), najbolji pirinač (Bik), mnoštvo šumskog materijala (Blizanci), najbolja zrna/žitarice (Rak), bambus (Lav), pasulj (Devica), seme susama (Vaga), šećerna trska i gvožđe (Škorpija), oružje i konji (Strelac), najvrednije zlato (Jarac), vodeno cveće (Vodolija), sve stvari nastale u vodi (Ribe). Ovih stvari koje se pripisuju znacima počevši od Ovna biće u izobilju kada je znak snažan ili će ih manjkati ako je znak slab.

Odlučili smo da ove dve šloke (23 i 24) predstavimo u istom poglavlju jer naizgled pripadaju zajedno, pokrivajući time različite boje i materijale koji pripadaju svakom znaku.

om tat sat

Vladavina znakova

अथ मेषादीनां बलाबलफलम्।
athameṣādīnāṁbalābalaphalam |
Slede rezultati snaga znakova počevši od Ovna.

अथ राशिस्वामिनिरूपणम्।
atharāśisvāminirūpaṇam |

Prevod: Slede planete koje vladaju znacima.

Komentar: Reč *svāmi* se obično odnosi na planetu koja vlada znakom. Međutim, kako se vidi kod kasnijih autora, može upućivati i na subpodele specifičnih vremenskih raspona[32].

24 časa dana je jedan takav raspon. Ovo je u relaciji sa dvanaest znakova koji se ponavljaju dvaput. 12 od jutra i 12 od večeri i svaka od ovih hora (časova) ima svoju planetu vladara.

Svaka od sedam planeta predsedava jednim časom, što se ponavlja tokom dana. Ovo je poznato pod nazivom Kalahora. 24 hore se kreću u skladu sa brzinom planeta počevši od najsporije i završavaju se najbržom. Ovo važi naravno iz geocentrične perspektive jer kvalitet vremena merimo u odnosu na one koji nastanjuju Zemlju.

---

32   Ovde Devata nakšatre vlada jednom od 30 muhurti u danu.

Redosled brzina planeta je sledeći: (1) Saturn, (2) Jupiter, (3) Mars, (4) Sunce, (5) Venera, (6) Merkur i (7) Mesec. Ovaj niz pomera se tokom dana počinjući planetom koja je vladar dana. Primer: Ako želimo da definišemo dan koji počinje od Sunca, redosled će biti: (1) Sunce, (2) Venera, (3) Merkur, (4) Mesec, (5) Saturn, (6) Jupiter i (7) Mars i ovaj niz će se ponavljati dok ne budu pokrivene sve 24 hore u jednom danu. Planeta kojom počinje 25. hora će biti vladar narednog dana.

Na ovaj način, na osnovu kretanja sedam planeta kroz 24 hore dana, formiraju se vladajuće planete za sedam dana u nedelji.

Hora dana počinje sa nastupanjem dana. Ovo nastupanje dana u tradiciji se definiše na tri načina, od kojih svaki ima različitu upotrebu.

Tabela: Dinapraveša

Početno vreme	Naziv	Upotreba
Izlazak Sunca	Satjahora/Hora	Natalni horoskop
6 AM LMT (Srednje lokalno vreme)	Kalahora	Muhurta
6 AM LST (Lokalno sideralno vreme)	Mahakalahora	Prašna

Hore treba primenjivati koristeći se istim principom koji se koristi za varu (dan) u planiranju svakodnevnih aktivnosti.

धराजशुक्रज्ञशशिनसौम्यसितारजीवार्कजमन्दजीवाः।
क्रमेण मेषादिषु राशिनाथस्तदंशपाश्चेति वदन्ति सन्तः॥ २५॥

dharājaśukrajñaśaśinasaumyasitārajīvārkajamandajīvāḥ|
krameṇameṣādiśurāśināthastadaṁśapāścetivadantisantaḥ || 25||

Prevod: Mars, Venera, Merkur, Mesec, Sunce, Merkur, Venera, Mars, Jupiter, Saturn, Saturn i Jupiter redom su vladari znakova i njihovih podela počevši od Ovna.

Komentar: Autor koristi poseban termin kada navodi grahe koje vladaju znacima i dalje nijednom ne ponavlja isti naziv. Svaki naziv ima poseban značaj u definisanju prirode vladara znaka.

- Ovan: *dharāja* (dharađa), doslovno: dete Zemlje. Ovo je jedno od zloćudnijih imena Marsa jer referenca na Zemlju simboliše Marsovu spremnost da zaštiti posed što je najčešći uzrok ratova.

- Bik: *śukra* (šukra), doslovno: onaj koji uzrokuje povoljnost. Ovaj naziv simboliše Venerinu sposobnost da podari komfor i luksuz u nečijem životu kao i sva čulna zadovoljstva.

- Blizanci: *jña* (đnja), doslovno: znati. Upućuje na radoznalu prirodu učenika koji pokušava da razume bilo koju oblast znanja.

- Rak: *śaśi* (šaši), doslovno: zec. Uši zeca su simbol dva Mesečeva roga. Zec se takođe odnosi na um čiji je simbol Mesec i njegovu prirodu da skače sa jedne misli na drugu.

- Lav: *ina* (ina), doslovno: Sunce, gospodar ili kralj. Ovo predstavlja Sunčevu ulogu i status kralja u horoskopu. Sunce je takođe i karaka ili signifikator kraljevstva, onih na vlasti poput vlade. Sa duhovnog stanovišta, vrhovni kralj je naša duša ili atma. U individualnim horoskopima, ovaj specijalni status pripisuje se jednoj od osam planeta[33] koja god da se nalazi na najvišem stepenu.

- Devica: *saumya* (soumja), doslovno: lep, sladak. Ovo predstavlja Merkurova pozitivna obeležja koja nose senzitivnost, izuzetne sposobnosti imitiranja I sposobnost brzog učenja od učitelja ili od društva.

- Vaga: *sita* (sita), doslovno: svetlost, belo i svetlo. Predstavlja moć Venere da privuče i učini stvari lepima. Ovo je takođe i naziv za šećer.

- Škorpija: *āra* (ara), doslovno: mesing ili gvožđe. Predstavlja savršenu mešavinu metala iz zemlje u cilju stvaranja čvrste i izdržive površine. To je savršena kombinacija metala koja simboliše snagu do koje se dolazi kroz zagrevanje ili duhovno sagorevanje poznato kao proces žrtve.

- Strelac: *jīva* (điva), doslovno: živeći ili postojeći. Predstavlja poštovanje svih živih bića koje im dozvoljava da nastanjuju ovaj svet.

- Jarac: *arkaja* (arkađa), doslovno: sin Sunca. Saturn je stvoren kao potomak oca Vivasvanditje i majke Čaje. Čaja je zauzela mesto žene boga Sunca umesto Samđnje koja ga je napustila. Doslovno, Čaja znači senka i kaže se da upućuje na senku prave žene Samđnje. Ovde, Saturn predstavlja nesrećnu priču o svađi između Vivasvana i Čaje nakon što on sazna da Čaja nije Samđnja i da je prevaren. Jama, najstariji sin Vivasvana poneo je kletvu da bude hrom jer ga je Čaja proklela nakon što ju je Jama šutnuo u pokušaju da otkrije ocu da Čaja nije Samđnja. Saturn je odgovoran za kvarenje odnosa i nosi sobom patnju iz znaka Jarca.

- Vodolija: *manda* (manda), doslovno: spor, lenj, trom. Ovde predstavlja Saturnovu tendenciju da odlaže ili onemogućava odigravanje događaja u određeno vreme, bilo da je to na korist osobe ili ne. Ovo je zato što je Vodolija 11. kuća Zodijaka koja je takođe kuća badaka ili prepreka.

---

33   Sunce, Mesec, Mars, Merkur, Jupiter, Venera, Saturn i Rahu su osam čara karaka planeta.

- Ribe: *jīva* (điva). Kao i u slučaju Strelca, naziv điva dat je i Jupiterovom vladarstvu nad Ribama. Simbolizuje egzistenciju i proces istraživanja njene svrhe.

अथ सूर्यादीनां त्रिकोणराश्यादिवर्णनम्।

athasūryādīnāṁtrikoṇarāśyādivarṇanam |

Prevod: Ovde slede mulatrikona znaci od Sunca itd.

Komentar: Kona znači ugao i odnosi se na 5. i 9. kuću horoskopa. Prefiks *tri* je broj tri, koji ukazuje na dodatak lagne grupi 1., 5. i 9. kuće. U tradiciji, čvrsto vezujemo koncept kona za Konark, Sunčev hram nadomak Purija u Orisi. Zato se Sunce izjednačava sa trikona principom i simboliše darmu i svrhu.

Prefiks *mula* znači koren ili izvor i upućuje na jednu od tri kone znaka u kojem planeta ispunjava svoju darmu ili svrhu. Mulatrikona bi u slobodnom prevodu značila "kancelarija planete".

मूलत्रिकोणा हरिताबुरुक्रिया वधूधनुस्तौलिघटा दिवाकरत्।
सितासितार्काङ्गिरसां नखांशकास्त्रिकोणमादौ परतः स्वमन्दिरम्॥ २६॥
वृषादिभागत्रयमुच्चमिन्दोर्मूलत्रिकोणं परतस्तु सर्वम्।
मेषादिगा द्वादशभागसंज्ञाः कुजस्य कोणं परतः स्वभं स्यात्॥ २७॥
कन्यार्द्धमुच्चं शशिजस्य कोणं दशांशकाः स्वर्क्षफलं शरांशाः।
कुम्भस्त्रिकोणं फणिनायकस्य तुङ्गं नृयुग्मं रमणी गृहं स्यात्॥ २८॥

mūlatrikoṇāharitāburukriyāvadhūdhanustaulighaṭādivākarat |
sitāsitārkāṅgirasāṁnakhāṁśakāstrikoṇamādauparataḥsvamandir
am || 26||
vṛṣādibhāgatrayamuccamindormūlatrikoṇaṁparatastusarvam |
meṣādigādvādaśabhāgasaṁjñāḥkujasyakoṇaṁparataḥsvabhaṁsy
āt || 27||

kanyārddhamuccaṁśaśijasyakoṇaṁdaśāṁśakāḥsvarkṣaphalaṁśar
āṁśāḥ |
kumbhastrikoṇaṁphaṇināyakasyatuṅgaṁnṛyugmaṁramaṇīgṛhaṁ
syāt || 28||

Prevod: Mulatrikona znaci planeta su Lav, Bik, Ovan, Devica,
Strelac, Vaga i Vodolija za planete počevši od Sunca i završavajući
Saturnom.

Venera, Saturn, Sunce i Jupiter su u mulatrikoni na prvih deset ste-
peni znaka, dok se preostalih 20 stepeni smatra njihovim znakom.
Prva tri stepena Bika su egzaltacija Meseca dok su preostalih 27
stepeni njegova mulatrikona. Prvih 12 stepeni Ovna su mulatrikona
Marsa, dok je ostatak njegov znak.

Prva polovina Device je egzaltacija Merkura, narednih deset stepe-
ni je mulatrikona i preostalih pet stepeni je njegov znak. Vodolija je
znak kojem je Rahu suvladar, njegova egzaltacija je u Blizancima, a
mulatrikona u Devici.

Komentar: Mulatrikona, egzaltacija i svoj znak Rahua su eksplicitno
spomenuti što potvrđuje da čvorovi imaju vladarstva, što je kon-
cept koji mnogi moderni astrolozi previđaju.

Ukazano je na stepene u okviru kojih se planeta nalazi u mulatriko-
ni (kancelariji, na dužnosti) i stepeni svakšetre (doma). Ove podele
mogu se doslovno interpretirati tako da omoguće nekome da načini
pravilan raspored u svom radnom prostoru. Na primer, ukoliko je
4. kuća Devica, prva polovina bi trebalo da bude organizovana za
aktivnosti uživanja poput igara i zabave (egzaltacija Merkura), treći-
na prostora bi trebalo da bude namenjena poslu (mulatrikona), a
preostala šestina prostora bi trebalo da bude namenjena komforu i
udobnosti doma.

Mulatrikona znak, koji otkriva mesto gde će osoba ispuniti svoju svrhu ili darmu, omogućava nam da markiramo bitan znak u horoskopu koji ćemo analizirati kada se radi o važnom poslu. Dalje, ovo nam omogućava da razumemo sviđanja i nesviđanja planeta na osnovu koncepta sambande ili prijateljstva, ali ovo je bolje razmatrati u delu knjige u kojem se autor bavi prirodom planeta[34].

अथ सूर्यादीनामुच्चनीचराशिनिरूपणपूर्वकमत्युच्चनोचभागनिरूपणम्।
athasūryādīnāmuccanīcarāśinirūpaṇapūrvakamatyuccanocabhāgan
irūpaṇam |

Ovde počinje ispitivanje znakova egzaltacije i debilitacije planeta počevši od Sunca, kao i razmatranje vrhunca njihove egzaltacije, odnosno debilitacije.

मेषो वृषो मकरषष्ठकुलीरमीनाः तौली च तुङ्गभवनानि तदस्तनीचाः।
नित्याङ्गनाहरिमयामनुसारनीरसण्ख्या दिवाकरसुखादतितुङ्गभागाः॥
२९॥

meṣovṛṣomakaraṣaṣṭhakulīramīnāḥtaulī ca
tuṅgabhavanānitadastanīcāḥ |
nityāṅganāharimayāmanusāranīrasaṇkhyādivākaramukhādatituṅg
abhāgāḥ || 29||

Prevod: Ovan, Bik, Jarac, Devica, Rak, Ribe i Vaga su znaci egzaltacije planeta od Sunca do Saturna. Njihovi znaci debiltacije su nasuprot (7. kuća) od nabrojanih. 10., 3., 28., 15., 5., 27. i 10. stepen su vrhunci egzaltacije planeta od Sunca na dalje.

---

34   Adhjaja II Đataka pariđate, Priroda planeta i njihovo vlasništvo.

Komentar: Egzaltacija Rahua je već spomenuta ranije, a ovde se govori o ostalim planetama. Kao dodatak ovome, treba reći da Ketu ima egzaltaciju u znaku Strelca, mulatrikonu u Škorpiji, dok su Ribe njegov znak. U nekim slučajevima, mulatrikona znak i svoj znak se zamenjuju u specifične svrhe. Znak debilitacije je kao i obično suprotni (sedmi) znak od znaka egzaltacije.

Dati su vrhunci egzaltacije i debilitacije koji pokazuju stepen na kojem je planeta u stanju uspona, *arohini,* odnosno u stanju opadanja ili *avarohini.*

Za razliku od prethodnih stihova, ovde je autor upotrebio numerološki sistem katapajadi varge da bi kodirao brojeve putem zvukova. Ovo sugeriše da je autor moguće koristio katapajadi vargu i na drugim mestima u svom delu.

Ovde rečenica: *nityāṅganāharimayāmanusāranīrasaṅkhyā* sadrži numerološki ekvivalent stepenima koji su vrhunci egzaltacije/debilitacije. Postupak tumačenja: 1) Ignorisati sve samoglasnike i poluglasove, 2) Zadržati broj glasova koji se izgovaraju potpuno, 3) Inverzija brojeva da bi se dobio rezultat. Ovo je ilustrovano tabelom datom dole.

Tabela: Kaṭapajadi varga

# →	1	2	3	4	5	6	7	8	9	0
क	ka	kha	ga	gha	ṅa	cha	chha	ja	jha	ña
ट	ṭa	ṭha	ḍa	ḍha	ṇa	ta	tha	da	dha	na
प	pa	pha	ba	bha	ma					
य	ya	ra	la	va	śa	ṣa	sa	h		

Nitya (nitja) se sastoji od dva sloga, naime, od *nit* i *ya*. Među njima, pun izgovor imamo u glasu *na* i glasu *ya*. Vokali *i* i poluglas *t* se izostavljaju. Numerološki ekvivalent slogova *na* i *ya* su 0 i 1. Kada obrnemo slogove, ovo postaje 10 te je prema tome stepen egzaltacije prve grahe, Sunca, 10 stepeni Ovna. Kalkulacija vrhunaca egzaltacije preostalih graha izvodi se na isti način prema ovoj šloki.

om tat sat

Podela znaka i podelne karte

अथ दशवर्गीनिरूपणं तस्वामिनिरूपणङ्च।

athadaśavargīnirūpaṇaṁtasvāminirūpaṇaṅca |

Prevod: Ovde počinje definisanje grupe od deset podelnih karti i njihovih vladara.

Komentar: Sada će biti definisan sistem podelnih karti ili vargi. Ovo znanje dato je prema velikom Kaljana Vermi (Varma, 1996).

Podelne karte su podele 12 znakova Zodijaka. Svaki raši podeljen je na delove ili amše u koje se mapiraju pozicije planeta. Ove tako nastale nove pozicije planeta formiraju nove karte ili dijagrame pokazujući različite aspekte života osobe, kao što su bogatstvo, potomstvo, bračni partner, duhovnost itd.

Reč *daśavargīni* (dašavargini) ističe da autor najviše značaja daje dašavarga sistemu ili sistemu od deset vargi i naredne šloke bave se ovim podelama.

Mahariši Parašara u BPHŠ otkriva 16 podelnih karti koje se zovu šodašavarga. Parašara je dalje definisao različita grupisanja podel-nih karti poput šadvarge (6 podela), saptavarge (7 podela), dašavar-ge (10 podela) i šodašavarge (16 podela). Ove različite grupe koriste se sa drugačijom svrhom, odnosno grupa od 6 karti ili šadvarga upotrebljava se u raši ili horarnom horoskopu, saptavarga ili 7 podela u slučaju životinja i muhurte, dašavarga predstavlja minimum podela za analizu horoskopa bilo kojeg čoveka i najzad šodašavarga ili podela na 16 karti rezervisana je za analizu vladarskih horoskopa ili rađ đotiša (Harihara, 1980).

Sledeće stvari sugerisane su tim što je mudri Vaidjanata uveo samo dašavarga sistem, odnosno šemu od deset podela.

- Ovo delo ima nameru da razmatra samo događaje i horoskope bića a ne i objekata koji ova bića stvaraju ili drugih ljudi nad kojima vladaju.

- Autor nije bio upoznat sa rađ đotiš principom Parašare i Đaiminija, ili jednostavno nije želeo da objavljuje ove suštinske tajne što upućuje na to da je ovo delo namenjeno javnosti.

लग्नं होरा द्रकाणं स्वरनवदशकद्वादशांशा कलांशाः
त्रिंशत्षष्ट्यंशकाख्या व्ययदुरितचयश्रिकरा मानवानाम्।
होरा राश्यर्धमोजे इनकरशशिनोरिन्दुमार्तण्ढोरे (2)
युग्मे राशौ द्रगाणा निजतनयतपःस्थानपानां भवन्ति॥ ३०॥ (३)

lagnaṁhorādṛkāṇaṁsvaranavadaśakadvādaśāṁśākalāṁśāḥ
trimśatṣaṣṭyaṁśakākhyāvyayaduritacayaśrikarāmānavānām |
horārāśyardhamojeinakaraśaśinorindumārtaṇḍhore (2)
yugmerāśaudṛgāṇānijatanayatapaḥsthānapānāṁbhavanti || 30||
(3)

Prevod: Lagna ili ceo znak, hora ili polovina, drekana ili trećina, svaramša ili sedmina, navamša ili devetina, dašamša ili desetina, dvadašamša ili dvanaestina, kalamša ili šesnaestina, trimšamša ili tridesetina i šaštjamša ili šezdesetina znaka, stvaraju gubitak, opasnost, dugovečnost i prosperitet ljudima.

Hora znači polovina rašija, i kod neparnih znakova polovine pripadaju Suncu i Mesecu, tim redom, dok u parnim znacima pripadaju Mesecu i Suncu. Drekanama ili trećinama znaka vladaju gospodar samog znaka, vladar 5. i vladar 9. kuće darme.

Komentar: U ovoj šloki spominju se samo deset vargi. Postoje različita grupisanja za koje se kaže da ih treba koristi za drugačije svrhe, a neka od njih su:

1. Šadvarga ili šest podela, sastoji se od: rašija, hore, drekane, navamše, dvadašamše i trimšamše;

2. Saptavarga ili sedam podela, sastoji se od: rašija, hore, drekane, saptamše, navamše, dvadašamše i trimšamše;

3. Dašavarga ili deset podela je ona koju daje Vaidjanata Dikšita i ona se sastoji od: rašija, hore, drekane, saptamše, navamše, dvadašamše, kalamše, trimšamše i šaštjamše;

4. Šodašavarga ili šesnaest podela je grupisanje vargi koje je dao Mahariši Parašara u *Brihat Parašara Hora šastri* i obuhvata svih 16 podelnih karti. Dole su prikazane tabelarno.

Tabela: Parašarin šodašavarga sistem

Naziv varge iz *Brihat Parašara Hora šastre*	D - karta	Polje života
Raši	D - 1	Fizičko telo, svi životni događaji
Hora	D - 2	Bogatstvo
Drekana	D - 3	Braća i sestre
Čaturtamša	D - 4	Sreća, imovina

Saptamša	D - 7	Deca
Navamša	D - 9	Sopstvo i partner
Dašamša	D - 10	Moć, karijera, profesija
Dvadašamša	D - 12	Roditelji, preci
Kalamša	D - 16	Vozila, sav luksuz, sreća
Vimšamša	D - 20	Obožavanje i duhovnost
Sidamša	D - 24	Obrazovanje i učenje
Bamša	D - 27	Snage i slabosti
Trimšamša	D - 30	Sva zla, nevolje
Kavedamša	D - 40	Karma po majci
Akšavedamša	D - 45	Karma po ocu
Šaštjamša	D - 60	Karma osobe iz prethodnog života

O podelnim kartama govori se pod drugačijim nazivima. Oni se izvode ili prema njihovom broju ili prema njihovoj nameni, recimo, sidamša je naziv za podelu na 24 dela i odnosi se na sidi ili ostvarenje, perfekciju, mudrost i više znanje koji se ispituju u ovoj podelnoj karti. Alternativni naziv za sidamšu je čaturvimšamša, što znači upravo 24 podele znaka. U modernoj terminologiji, astrolozi jednostavno koriste oznaku D-X gde D označava podelu, a X je broj određene podelne karte. U slučaju sidamše, čart se obeležava kao D-24.

D-1 Lagna

U ovoj šloki reč lagna se odnosi na D-1 kartu ili raši kartu. Reč lagna ima višestruka značenja. Može se prevesti kao celina (odnoseći se na celinu rašija od 30°), ili kao prva astrološka kuća svojim značenjem onoga što je u vezi sa izlazećim Suncem; ali može značiti i raši ili šemu 12 znakova Zodijaka. D-1 ili raši karta pokriva različite aspekte fizičke realnosti osobe, poput fizičkog tela i generalnog pregleda životnih događaja.

D-2 Hora

Reč hora znači polovina i potiče od reči *ahoratra* koja označava dan i noć. Celokupna kreacija je stvorena iz odnosa nebeskog oca i majke, odnosno Sunca i Meseca, koji vladaju danom i noći.

Hora karta se konstruiše podelom Zodijaka na dve polovine, od kojih jedna pripada Suncu, a druga Mesecu. Prva polovina neparnih znakova (0°-15°) je pod vladavinom oca, Sunca, a druga polovina (16°-30°) pripada majci ili Mesecu. Za parne znakove, prva polovina pripada Mesecu, a druga Suncu.

Razlog takvoj podeli potiče iz same priode. Neparni znaci su ti koji imaju potencijal da kreiraju jer su nosioci muške energije; imaju snagu da započnu i iniciraju i predstavljaju mušku energiju zbog čega se pripisuju ocu ili Suncu. Parni znaci za razliku od toga su oni koji održavaju i ženski su zbog čega se pripisuju Mesecu ili majci.

Tabela: Vladari hora

Raši	Od 0°-15°	Od 15°-30°
Ovan	Sunce	Mesec
Bik	Mesec	Sunce
Blizanci	Sunce	Mesec
Rak	Mesec	Sunce
Lav	Sunce	Mesec
Devica	Mesec	Sunce
Vaga	Sunce	Mesec
Škorpija	Mesec	Sunce

Strelac	Sunce	Mesec
Jarac	Mesec	Sunce
Vodolija	Sunce	Mesec
Ribe	Sunce	Mesec

Primera radi, Jupiter na 16° Vage je u neparnom znaku gde prva hora pripada Suncu, a druga Mesecu, stoga ovde Jupiter pripada Mesečevoj hori.

Hora (D-2) se bavi bogatstvom i održavanjem osobe mapirajući značenja 2. kuće horoskopa. Postoji nekoliko varijacija hora karte i Đaganat, Kašinat, Paravritidvaja hora su neke od varijacija koje se koriste u tradiciji. Ona koju daje autor ovog dela je poznata kao Parašara hora jer je Parašara među prvima koji je dao njeno izračunavanje.

D-3 Drekana

Drekana je podela znaka na trećine od kojih svaka obuhvata 10 stepeni. Prva drekana pripada samom znaku (0°-10°); druga drekana petom znaku od njega (10°-20°), a trećom vlada 9. znakom od njega (20°-30°). Prema tome, ceo Zodijak se sastoji od 36 drekane. Ovaj sistem računanja drekane poznat je kao Parašara drekana. Postoje i drugi način računanja D-3 karte i poznati su pod drugačijim nazivima poput Somanata drekane, Đaganata drekane itd.

Tabela: Izračunavanje drekana

Stepen / Znak	1	2	3	4	5	6	7	8	9	10	11	12
0°-10°	1	2	3	4	5	6	7	8	9	10	11	12
10°-20°	5	6	7	8	9	10	11	12	1	2	3	4
20°-30°	9	10	11	12	1	2	3	4	5	6	7	8

Primer: Jupiter smešten na 16° Vage je u drugoj drekani. Druga drekana Vage je Vodolija, 5. znak od nje. Prema tome, u Parašara drekani, planeta Jupiter je smeštena u znaku Vodolije. Parašara drekana karta koristi se za procenu svih detalja u vezi sa braćom i sestrama.

D-7 ili Saptamša

Saptamša je sledeća podela koja se spominje u ovoj šloki. Intersantno je da autor koristi reč svara, upućujući na suštinu ove varge.

Reč svara ima više značenja:

 (1) Svara znači zvuk. Alfabet se sastoji od vokala ili svara za koje se kaže da sadrže dušu u sebi. Kratki su poznati kao Puruša, a dugi kao Šakti. Konsonanti su oni zvukovi koji predstavljaju telo ili fizičku manifestaciju kreacije. Stoga autor ovde daje prvu primenu ove varge na kreaciju;

(2) Svara može označavati i ritam ili muzičke skale od kojih su nabrojane sedam. Na ovaj način autor moguće upućuje na ritam ili metar (čandas) u kojem se zvukovi objavljuju;

(3) Treća implikacija su rase ili ukusi. Kaže se da su sedam podela zapravo sedam rasa ili ukusa kroz koje Sarasvati i Brama kreiraju celokupno potomstvo.

Saptamša je podela znaka na sedam delova. Otuda svaki deo obuhvata raspon od 4º17'09". Za neparne znakove brojanje počinje od samog znaka, dok za parne znake brojanje počinje od sedmog znaka.

Na primer, ranije spomenuti Jupiter koji je smešten na 16° Vage pada u saptamšu Jarca. Vaga je neparni znak sa Jupiterom u 4.

saptamši od sebe što je saptamša Jarca.

Saptamša se koristi za predikciju svega u vezi sa potomstvom.

D-9 Navamša

Navamša karta je posle rašija najvažnija. Navamša predstavlja podelu na devetinu znaka, odnosno podelu svakog znaka na devet delova. Svaki deo ili amša obuhvata 3°20'. Izračunavanje navamše uvek počinje od pokretnog znaka u trigonu od znaka u pitanju. Na primer, Jupiter na 16° Vage je u 5. navamši tog znaka. Libra je pokretni znak što znači da brojanje počinje od samog znaka, i 5. navamša od nje je Vodolija.

Navamša karta se naziva darmamša i bavi se darmom, brakom, bagjom (srećom) i mnogim važnim duhovnim konceptima.

D-10 Dašamša

Dašamša se naziva i svargamša i nastaje iz podele znaka na deset delova od kojih svaki iznosi 3°. U dašamša karti brojanje počinje od samog znaka za neparne znakove, odnosno od 9. znaka za parne.

U primeru Jupitera na 16° Vage, zaključujemo da Jupiter pada u Ribe u dašamša karti. Libra kao neparni znak inicira brojanje, pa će Jupiter koji je prešao 6 amši pasti u Ribe.

Ova karta bavi se karijerom, poslom i prefesijom.

D-12 Dvadašamša

Dvadašamša je poznata i kao surjamša i predstavlja dvanaesti deo podele znaka. Svaka amša obuhvata raspon od 2°30'.

Brojanje uvek počinje od samog znaka i odvija se pravilnim redom bez obzira na tip znaka.

Primer: Jupiter kojeg smo spomenuli ranije biće smešten u Ribama u dvadašamša karti.

Ova karta bavi se roditeljima i roditeljskim nasleđem.

D-16 Kalamša

Kalamša, poznata i kao šodašamša je podela znaka na 16 delova. Svaka amša stoga obuhvata 1°52′30″. Brojanje počinje od Ovna za pokretne, od Lava za fiksne i od Strelca za dvojne znakove i uvek je pravilno.

Jupiter iz našeg primera, smešten je u pokretnom znaku, što znači da će brojanje početi od Ovna. Budući na 16° Vage, znak koji će zauzimati u kalamši biće Blizanci.

D-30 Trimšaša

Trimšamša je tridesetostruka podela znaka. Njeno računanje je nešto drugačije od drugih vargi. Autor daje Parašara trimšamšu koja se konstruiše na sledeći način: trimšamša je podeljena na 5 delova od 5, 5, 8,7 i 5 stepeni za neparne i obrnuto od ovoga za parne znakove. Znaci za ovih pet delova su: Ovan, Vodolija, Strelac, Blizanci i Vaga za neparne znake. Za parne to su: Bik, Devica, Ribe, Jarac i Škorpija.

Ova karta otkriva sve negativnosti osobe i u širem smislu ona je i uzrok *graha jude* (planetarnog rata) koji se definiše kao pozicija dve ili više planeta na istom stepenu.

D-60 Šaštjamša

Šaštjamša je podela znaka na 60 delova što daje amšu čiji je raspon 0°30›. Brojanje ovde počinje od samog znaka i prelazi sve znakove pet puta i tako pokriva celu vargu.

Ova karta bavi se karmom iz prošlog života koja ima direktan uticaj na sadašnji život. Prema Mahariši Parašari, najveći značaj dat je sledećim podelnim kartama: rašiju (D1) koji predstavlja fizičke okolnosti života, navamši (D9) ili darmi i šaštjamši (D60) ili karmi prošlog života.

om tat sat

Saptamša i navamša

लग्नादिसप्तमांशेशास्त्वोजे राशौ यथाक्रमम्।
युग्मे लग्ने स्वरांशानामधिपाः सप्तमादयः॥ ३१॥ (4)

lagnādisaptamāṁśeśāstvojerāśauyathākramam |
yugmelagnesvarāṁśānāmadhipāḥsaptamādayaḥ || 31|| (4)

Prevod: Vladari saptamši ili sedmog dela lagne i drugih kuća se u slučaju neparnih znakova računaju regularno od samog znaka u pitanju, dok se u slučaju parnih znakova brojanje vrši od 7. kuće.

Komentar: Ova šloka nam objašnjava kako se pronalaze vladari saptamši i za neparne i za parne znake. U ovoj podelnoj karti, brojanje se započinje od samog znaka u slučaju neparnih rašija, ili od 7. znaka od njega u slučaju parnih rašija. Kako saptamša govori o deci, možemo zaključiti na osnovu ovoga da se neparni znaci ne oslanjaju na mišljenja drugih u podizanju svoje dece jer brojanje za njih počinje od njih samih, tj. od samog znaka. Za razliku od toga, parni znaci su veoma zavisni od drugih i vrednuju njihovo mišljenje kada je u pitanju podizanje dece budući da brojanje za njih počinje od 7. znaka (7. kuća su drugi).

Na primer, za znak Ovna (Ovan je neparni raši), prva saptamša je Ovan, 2. Bik, 3. Blizanci itd. Za znak Bika (Bik je parni raši), prva saptamša je Škorpija, 2. Sterlac, 3. Jarac itd.

Tabela. Saptamša podela

Stepen/znak	1	2	3	4	5	6	7	8	9	10	11	12
4-17	1	8	3	10	5	12	7	2	9	4	11	6
8-34	2	9	4	11	6	1	8	3	10	5	12	7
12-51	3	10	5	12	7	2	9	4	11	6	1	8
17-8	4	11	6	1	8	3	10	5	12	7	2	9
21-25	5	12	7	2	9	4	11	6	1	8	3	10
25-42	6	1	8	3	10	5	12	7	2	9	4	11
30	7	2	9	4	11	6	1	8	3	10	5	12

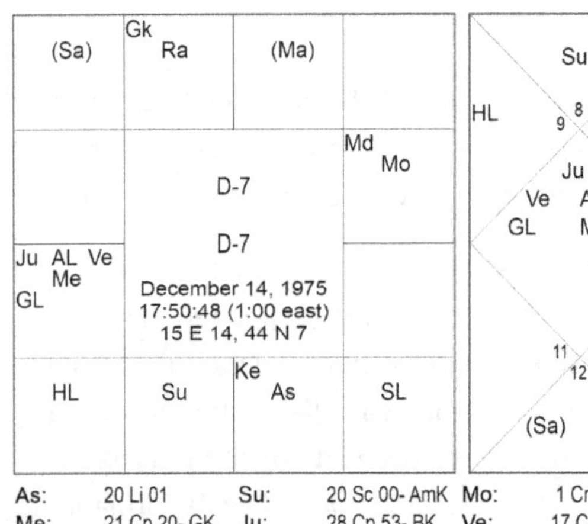

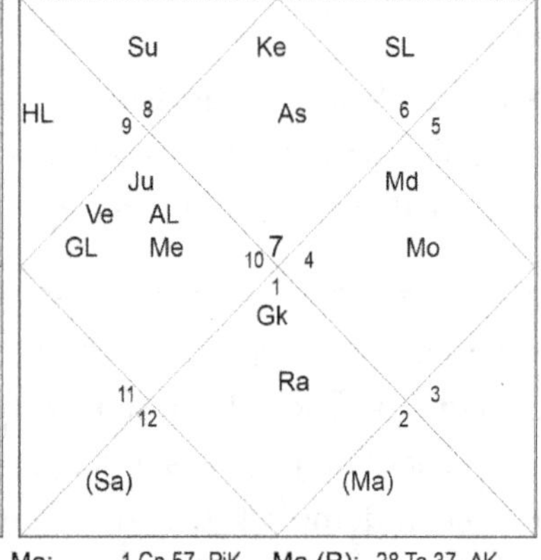

As:	20 Li 01	Su:	20 Sc 00- AmK	Mo:	1 Cn 57- PiK	Ma (R):	28 Ta 37- AK
Me:	21 Cp 20- GK	Ju:	28 Cp 53- BK	Ve:	17 Cp 44- MK	Sa (R):	0 Pi 34- PK
Ra:	6 Ar 43- DK	Ke:	6 Li 43	HL:	13 Sg 14	GL:	22 Cp 43

Tabela: Primer računanja saptamše

Planeta	Stepen	Amša/Saptamša znak
Lagna	20°00′ Blizanci	5th Amša/Vaga
Sunce	28°33′ Škorpija	7th Amša/Škorpija
Mesec	13°07′ Ovan	4th Amša/Rak

Mars	29°47' Bik	7th Amša/Bik
Merkur	7°19' Strelac	2nd Amša/Jarac
Jupiter	21°15' Ribe	5th Amša/Jarac
Venera	15°23' Vaga	4th Amša/Jarac
Saturn	8° 38' Rak	3rd Amša/Ribe
Rahu	26°40' Vaga	7th Amša/Ovan
Ketu	26°40' Ovan	7th Amša/Vaga

Saptamša je najvažniji znak za proučavanje dece i potomstva. Podela znaka na sedam delova u osnovi je u vezi sa duhovnim konceptom poznatim kao **Sa-Rasa-vati** ili božanskom majkom Sarasvati. Sarasvati i njen muž Brama, odgovorni su za stvaranje celokupnog materijalnog sveta, koji se manifestuje kroz 12 znakova. Ova kreacija dešava se sa svakim sjedinjavanjem Brame sa sedam rasa što se dešava jednom za sve neparne znakove i jednom za sve parne.

Kalkulacija spomenuta gore se zato smatra spajanjem oca i majke u relaciji sa značenjima 7. kuće (odnosa) koja je neizostavna kada govorimo o potomostvu. Iz tog razloga je ova podela zasnovana na sedmostrukoj, a ne na nekoj drugoj podeli. Deca su plod braka i njih posmatramo iz 5. kuće koja je 11. (plodovi) od 7. kuće.

U đotlšu postoje različiti tipovi kretanja ili koraka između znakova koji su poznati pod nazivom gati. U ovoj podelnoj karti, kada određujemo svaku ponaosob trudnoću i dete u nečijem horoskopu, koristimo gati koji se zove manduka gati.

चापाजसिंहराशीनां नवांशास्तुम्बुरादयः।
वृषक्नयामृगाणां च मृगाद्या नव कीर्तिताः॥ ३२॥

cāpājasiṁharāśīnāṁnavāṁśāstumburādayaḥ |
vṛṣaknayāmṛgāṇāṁ ca mṛgādyānavakīrtitāḥ || 32||

Prevod: Navamše Strelca, Lava, Ovna, tim redosledom, su devet znakova od Ovna redom; navamše Bika, Device i Jarca su Jarac i devet znakova koji slede.

Komentar: Ova šloka opisuje način izračunavanja navamša karte. Navamša karta je devetostruka (nava) podela znaka, gde svaka obuhvata raspon od 3°20'. Brojanje uvek počinje od pokretnog znaka u trigonu od znaka u pitanju.

Šloka 32 objašnjava isto to u slučaju vatrenih znakova, Strelca, Ovna i Lava među kojima je pokretni znak Ovan pa će brojanje amši počinjati od njega

Isto pravilo važi i u slučaju zemljanog trigona Bika, Device i Jarca od kojih je Jarac pokretni znak te će brojanje početi od njega.

Prema tome, shvatamo da pokretni znaci počinju od sopstvenog znaka, fiksni od devetog, a dvojni od petog znaka od sebe. Imajući na umu da je navamša najvažnija podelna karta za pitanje braka i dugih intimnih odnosa, zaključujemo da u ovim stvarima pokretni znaci slušaju samo sebe budući da kalkulacija za njih počinje od njih samih. Slično, možemo zaključiti da su fiksni znaci tradicionalniji, slede starije i tretiraju svoje partnere kao učitelje zbog toga što njihova kalkulacija počinje od devete kuće. Dvojni znaci su moderniji u ovom smislu, prilagodljivi, ali imaju tendenciju da partnera treitiraju kao dete jer njihova kalkulacija počinje od 5. kuće.

नृयुकुलाघटानां च तुलाद्याश्चांशका नव।
कर्किवृश्चिकमीनानां कर्कटाद्या नवांशकाः॥ ३३॥

nṛyuktulāghaṭānāṁ ca tulādyāścāṁśakānava |
karkivṛścikamīnānāṁkarkaṭādyānavāṁśakāḥ || 33||

Prevod: Devet znakova počevši od Vage su vladari navamši Blizanaca, Vage i Vodolije. Navamše Raka, Škorpije i Riba su devet znakova počevši od Raka.

Komentar: Šloka 33 je nastavak prethodne šloke koja se bavi kalkulacijom navamša karti. Ova šloka pokriva vazdušne i vodene znakove. Sledeći ove principe, dobićemo 108 navamši koje se podudaraju sa 12 znakova gde je svaki podeljen na devet delova.

Tabela 5: Tabela navamši

Stepen/ Znak	1	2	3	4	5	6	7	8	9	10	11	12
-3° 20′	1	10	7	4	1	10	7	4	1	10	7	4
-6°40′	2	11	8	5	2	11	8	5	2	11	8	5
-10° 0′	3	12	9	6	3	12	9	6	3	12	9	6
-13° 20′	4	1	10	7	4	1	10	7	4	1	10	7
-16° 40′	5	2	11	8	5	2	11	8	5	2	11	8
-20° 0	6	3	12	9	6	3	12	9	6	3	12	9
-23° 20′	7	4	1	10	7	4	1	10	7	4	1	10
-26° 40′	8	5	2	11	8	5	2	11	8	5	2	11
-30°	9	6	3	12	9	6	3	12	9	6	3	12

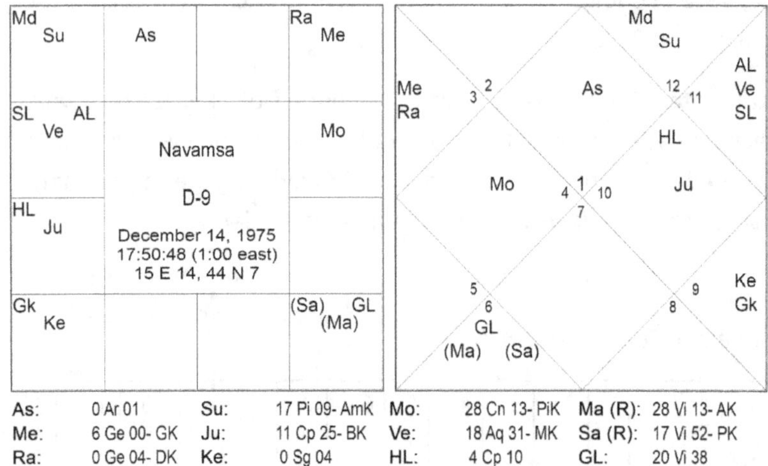

As:	0 Ar 01	Su:	17 Pi 09- AmK	Mo:	28 Cn 13- PiK	Ma (R):	28 Vi 13- AK
Me:	6 Ge 00- GK	Ju:	11 Cp 25- BK	Ve:	18 Aq 31- MK	Sa (R):	17 Vi 52- PK
Ra:	0 Ge 04- DK	Ke:	0 Sg 04	HL:	4 Cp 10	GL:	20 Vi 38

Kalkulacija amši:

Planeta	Stepen	Amša/Navamša znak
Lagna	20°00´ Blizanci	7th Amša/Ovan
Sunce	28°33’ Škorpija	9th Amša/Ribe
Mesec	13°07’ Ovan	4th Amša/Rak
Mars	29°47’ Bik	9th Amša/Devica
Merkur	7°19’ Strelac	3rd Amša/Blizanci
Jupiter	21°15’ Ribe	7th Amša/Jarac
Venera	15°23’ Vaga	5th Amša/Vodolija
Saturn	8° 38’ Rak	3rd Amša/device
Rahu	26°40’ Vaga	8th Amša/Bik
Ketu	26°40’ Ovan	8th Amša/Škorpija

Namša karta bavi se darmom osobe kako je to samom kalkulacijom i implicirano. Ne samo da ova karta korespondira sa 9. kućom darme već se i svaka navamša računa na osnovu trigona.

Ova varga je jedna od najkompleksnijih, kako u kalkulaciji tako i u upotrebi. Kalkulacija ove podelne karte pokazuje snažnu vezu nakšatra pada sa rašijima (postoji 108 nakšatra pada), zatim elemenata rašija (četiri prirodna elementa ili tatvi) i stavlja akcenat na trigone jer planete u trigonu počinju od iste navamše.

Kako je pokretni znak uvek jedan od četiri znaka kendra kuća, ovu kartu konsultujemo da bismo otkrili četiri glavna životna pravca ili ajane, odnosno darmu, artu, kamu i mokšu.

Njena najpopularrnija upotreba tiče se braka, duhovnosti i duhovnog puta, ali i generalnog pregleda snage nečijeg horoskopa. Uobičajeno poređenje raši i navamša karte je stablo koje obećava plodove (raši) naspram stvarnih plodovova (navamša) ili njihovog odsustva. Praktično je nemoguće izvršiti procenu nečijeg horoskopa bez razumevanja navamša karte.

चरे चाद्यंशको ज्ञेयः स्थिरे मध्यनवांशकः।
अन्त्यांशको द्विस्वभावे वर्गोत्तम इति स्मृतः॥ ३४॥ (5)

carecādyaṁśakojñeyaḥsthiremadhyanavāṁśakaḥ |
antyāṁśakodvisvabhāveVargottamaitismṛtaḥ || 34 || (5)

Prevod: Vargotama, ili najbolja navamša, je prva navamša pokretnog znaka, središnja fiksnog znaka i poslednja dvojnog znaka.

Komentar: Naziv vargotama sastoji se od dve reči: varga i utama. Varga se odnosi na bilo koju podelnu kartu (D-kartu), dok utama znači najbolji, najviši ili glavni. Vargotama se obično koristi kao termin za planete i druge značajne tačke u karti (na primer, lagnu ili ascendant) koje su u istom znaku u raši i navamša karti (D-9).

Ovo se dešava ako je planeta u prvoj navamši (0°00' to 3° 20') pokretnog znaka, srednjoj navamši (13°20 to 16° 40) fiksnog znaka i poslednjoj navamši (26°40 to 30° 00) dvojnog znaka.

Varga ovde može da se odnosi na bilo koju podelnu kartu i bitno je shvatiti zašto koristimo navamša kartu komentarišući ovo. U gornjoj šloki, slavni Vaidjanata koristi reč *navāṁśakaḥ* umesto *aṁśa*, što čini vrlo jasnim na koju se vargu odnosi i ne ostavlja prostora za drugačije interpretacije.

Dok ovo objašnjava implikacije upotrebe reči varga, utama još nije dovoljno jasno objašnjena. U vaišešikamša snazi (procena snage planete u svih 16 podelnih karti), utama ima šire značenje i odnosi se na snagu planete nastalu zauzimanjem specifične pozicije u tri bitne karte dašavarga sistema. A slučaj je da planeta budući vargotama zauzima isti znak u tri posebne podelne karte. To su raši karta (D-1) koja pokriva manifestacije i obećanja ovog života; navamša karta (D-9) koja pokriva bagju ili nečiju sreću u životu kao i darmu, i najzad drekana (D-3) i to Đaganat drekana koja pokazuje rezultate nečije karme ili delovanja. Bitno je dalje napomenuti da je osnova za ovo već data u istoj šloki u kojoj je dat tačan način računanja Đaganat drekane. Da bi bilo jasnije, šloka kaže da su prva navamša pokretnih, srednja navamša fiksnih i poslednja navamša dvojnih znakova vargotama. Ovo je isto kao kada bismo rekli da prvi, drugi i treći deo pripadaju pokretnom, fiksnom i dvojnom znaku.

Tabela 1: Đaganat drekana

Vatreni znaci	Ovan, Lav, Strelac	Ovan	Lav	Strelac
Zemljani znaci	Jarac, Bik, Devica	Jarac	Bik	Devica
Vazdušni znaci	Vaga, Vodolija, Blizanci	Vaga	Vodolija	Blizanci
Vodeni znaci	Rak, Škorpija, Ribe	Rak	Škorpija	Ribe

Kada su u pitanju rezultati tako pozicioniranih znakova, kaže se da su oni rođeni sa vargotama navamšom glave u svojim porodicama. Rođeni sa vargotama lagnom biće obdareni srećom i blagoslovom dobrog zdravlja i Mritjundžaja mantre kojom se prevazilaze zdravstveni problemi.

Nisu sve vargotama pozicije iste jer postoje one kojima planete dostižu više dostojanstvo (svoj znak ili egzaltacija u raši i navamša karti) ili čak niže kao u znaku debilitacije, koja je nepovoljna. Pored spomenutog, treba reći da vargotama može biti šuba (povoljna) ili papa (nepovoljna) u zavisnosti od toga da li je vargotama planeta smeštena u znaku kojim vlada benefična ili malefična planeta.

om tat sat

Dašamša, dvadašamša, šodašamša i trimšamša

लग्नादिदशमांशेशात्वोजे युग्मे शुभादिकाः (6)
द्वादशांशाधिपतयस्तत्तद्राशिवशानुगाः॥ ३५॥ (7)

lagnādidaśamāṁśeśātvojeyugmeśubhādikāḥ (6)
dvādaśāṁśādhipatayastattadrāsivaśānugāḥ || 35|| (7)

Prevod: U slučaju neparnih znakova, vladari dašamše računaju se od samog znaka; u slučaju parnih znakova, brojanje počinje od 9. znaka redom. Vladari dvadašamše nekog znaka računaju se od tog znaka.

Komentar: Gornja šloka objašnjava pravilo za sekvence dašamša i dvadašamša kalkulacije rašija.

Primer 1: Računanje dašamša pozicija

U horoskopu Indire Gandi, Sunce je na 4°7' Škorpije. Ako podelimo ovo sa 3 (svaka amša iznosi 3°), dobijamo 1,56 što treba zaokružiti na sledeći ceo broj, što je broj 2. Dakle, Sunce je u 2. dašamši Škorpije. Škorpija je paran znak i brojanje počinje od 9. znaka od nje, odnosno od Raka. Brojeći dva znaka od Raka stižemo do Lava kao dašamša poziciju Sunca.

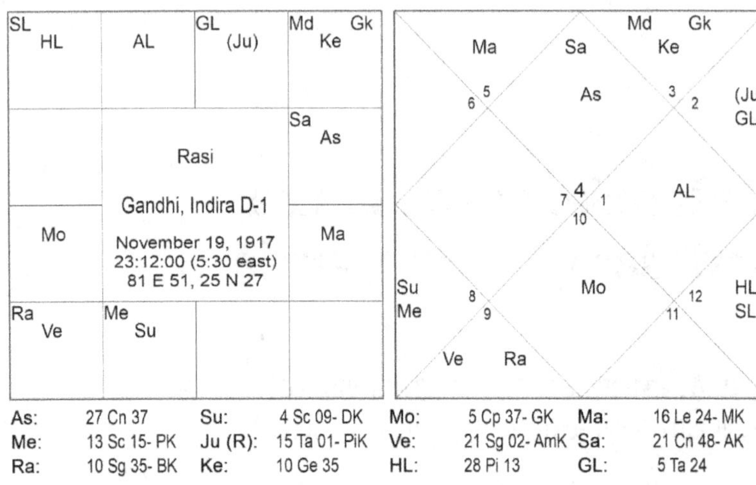

As:	27 Cn 37	Su:	4 Sc 09- DK	Mo:	5 Cp 37- GK	Ma:	16 Le 24- MK
Me:	13 Sc 15- PK	Ju (R):	15 Ta 01- PiK	Ve:	21 Sg 02- AmK	Sa:	21 Cn 48- AK
Ra:	10 Sg 35- BK	Ke:	10 Ge 35	HL:	28 Pi 13	GL:	5 Ta 24

Tabela 2: Kalkulacija dašamša pozicija ostalih planeta

Planeta	Stepen	Indeks	Dašamša znak
Lagna	25°37'	9	Škorpija
Sunce	4°7'	2	Lav
Mesec	5°31'	2	Vaga
Mars	16°22'	6	Jarac
Merkur	13°13'	5	Škorpija
Jupiter	15°00'	6	Blizanci
Venera	21°00'	8	Venera
Saturn	21°47'	8	Vaga
Rāhu	10°34'	4	Ribe
Ketu	10°34'	4	Devica

Prikladno je postaviti pitanje za razlog ovakvog računanja dašamša karte. Kako je prethodno napomenuto, neparni znaci su sebični i to je razlog zbog čega čuvaju amšu za sebe, dok su parni znaci poznati kao davaoci i zbog toga brojanje počinju od 9. znaka od sebe. Ovo je bazični princip zbog kojeg kažemo da astrolozi/đotišiji i drugi čija karma je da služe na dobrobit društva treba da imaju parni znak kao dašamša lagnu budući da slede darmu i da su davaoci društvu.

Učeni Vaidjanata kaže da dvadašamšu treba računati regularno od samog znaka nevezano za to da li je on neparni ili parni.

Prema ovom autoru, kao i prema Parašari, brojanje dvadašamša karte počinje od samog znaka ili od Ovna do Riba redom, od Bika do Ovna redom itd. Kako se Zodijak deli na 144 dvadašamše, svaka dvadašamša će pokrivati 2°30' luka.

Ovde je tabelarni prikaz primera kalkulacije davdašamše:

Tabela 3 Vladarstva dvadašamše

Amša	Raspon	Ovan	Bik	Bliz.	Rak	Lav	Dev.
1	0°	1	2	3	4	5	6
2	2°30'	2	3	4	5	6	7
3	5°	3	4	5	6	7	8
4	7°30'	4	5	6	7	8	9
5	10°	5	6	7	8	9	10
6	12°30'	6	7	8	9	10	11
7	15°	7	8	9	10	11	12
8	17°30'	8	9	10	11	12	1
9	20°	9	10	11	12	1	2
10	22°30'	10	11	12	1	2	3
11	25°	11	12	1	2	3	4
12	27°30'	12	1	2	3	4	5

Amša	Raspon	Vaga	Škor.	Strel.	Jar.	Vod.	Ribe
1	0°	7	8	9	10	11	12
2	2°30'	8	9	10	11	12	1
3	5°	9	10	11	12	1	2
4	7°30'	10	11	12	1	2	3

5	10°	11	12	1	2	3	4
6	12°30′	12	1	2	3	4	5
7	15°	1	2	3	4	5	6
8	17°30′	2	3	4	5	6	7
9	20°	3	4	5	6	7	8
10	22°30′	4	5	6	7	8	9
11	25°	5	6	7	8	9	10
12	27°30′	6	7	8	9	10	11

Primer 2: Računanje dvadašamša pozicija

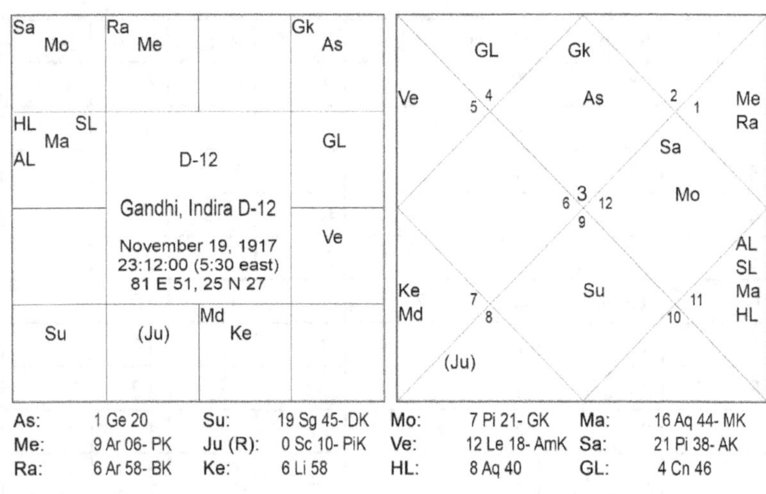

As:	1 Ge 20	Su:	19 Sg 45- DK	Mo:	7 Pi 21- GK	Ma:	16 Aq 44- MK
Me:	9 Ar 06- PK	Ju (R):	0 Sc 10- PiK	Ve:	12 Le 18- AmK	Sa:	21 Pi 38- AK
Ra:	6 Ar 58- BK	Ke:	6 Li 58	HL:	8 Aq 40	GL:	4 Cn 46

Ovde imamo primer koji ilustruje dati princip. Sunce je na 4°7 Škorpije. Kako dvadašamša pokriva raspon od 2°30′, Sunce će biti smešteno u drugoj dvadašamši, što je u ovom slučaju dvadašamša Strelca. Ovaj isti metod koristi se u kalkulaciji i svih drugih planetarnih pozicija u novoj karti.

Drugi naziv za dvašamšu je surjamša jer predstavlja podelu rašija na 12 delova. Svih dvanaest delova računaju se od samog znaka što ovu vargu čini fokusiranom na sopstvo ili osobu samu. Njena specifična upotreba tiče se roditeljskog nasleđa i genalogije.

ओजे कलांशप्रभुखास्तदीशा विरङ्चिचशौरीशदिवाकराश्च।
युग्मे विलग्ने सति भास्कराद्या विलोमतः षोडश-
भाग नाथाः॥ ३६॥ (8)

ojekalāṁśaprabhukhāstadīśāvirañciśaurīśadivākarāśca |
yugmevilagne sati bhāskarādyāvilomataḥṣoḍaśabhāganāthāḥ ||
36|| (8)

Prevod: U slučaju neparnih znakova, vladari šodašamše su Brama (Viranči), Višnu (Sauri), Šiva (Iša) i Surja (Divakara) redom. U slučaju parnih znakova, vladari šodašamši računaju se obrnutim redom od Baskare ili Sunca.

Komentar: Reč *kalāṁśa* (kalamša) odnosi se na broj 16 kao šesnaestinu Mesečevog dijametra ili na 16 kala Meseca. Prva njena implikacija je 1/16 podelna karta ili varga. 30 stepeni podeljeno sa 16 jednako je 1:52:30 stepeni koji odgovaraju jednoj šodašamši. Šodašamša je takođe i drugi naziv za datu vargu (rcč šodašamša i znači 16).

Do sada, učeni Vaidjanata govorio je samo o računanju podelnih karti od samog znaka. Ovde, umesto toga, on razmatra jedino božanstva što bi moglo da znači da autor ignoriše materijalni aspekt ove podelne karte i fokusira se samo na njen duhovni aspekt. Ispitajmo zašto se kalamša odnosi na 16 kala Meseca. Svih 16 zrakova ili kala Meseca predstavljaju 16 Šakti i svaka odgovara jednom od 15 titija (lunarnih dana) svetle i tamne polovine Meseca

(Šukla i Krišna pakša). Poslednji, šesnaesti, poznat je kao duhovni titi, Tripurasundari Šakti. Tripurasundari Šakti poznata je kao davalac parampare guru-sišja nasleđa i najviša među njima je sveta Šodakšari Devi mantra.

Iz ovog razloga je šodašamša karta u tradicija podučavana uz obožavanje Devi budući da se D-16 podudara sa lotosom od 16 latica, višuda ili grlene čakre, u kojoj prebiva božanska majka Parvati zajedno sa svetim ocem Šivom. Ovo takođe simboliše i tradiciju (Guru) učitelj i sišja (učenik) gde je tipično, ali ne i jedino, Šiva Guru, a Parvati sišja i mantra tradicije se daje da ojača ovu sponu. Predstavlja oružje ili astru lotosa. Zbog toga što se zove kalamša, Mesec ovde ima ključnu ulogu jer od njega zavise 16 kala uma. Kalamša Devata nečijeg Meseca govori o tome koja Devata vodi um iz materijalne močvare i čini da on procveta čistoćom i jasnoćom. 16 kala odnosi se takođe na šodaša vargu ili celokupni sistem vargi i upućuje na svesnost koja postoji u svim bićima. Vedski tekstovi svedoče o tome da je inkarnacija Šri Krišne obdarena sa svih 16 kala Meseca, što takođe govori i o potpunoj svesnosti svih aspekata života. Inkarnacija Šri Rama obdarena je sa 14 kala, svega dve manje od Krišne. Sa druge strane, kaže se da ljudska bića imaju jedva ¼ jedne kale i kada bismo imali celu kalu, to bi značilo da smo u potpunosti svesni jednog aspekta života, što nažalot nije slučaj.

Autor imenuje četiri božanstva, Bramu, Višnu, Šivu i Surju (obrnuto u slučaju parnih znakova) u ovoj varga karti. Ovaj redosled odgovara božanstvima kendra kuća u karti, što dodatno pojačava važnost ovih kuća u razmatranju varge kao i važnost ovih stubova prilikom analiziranja viših aspekata Meseca/uma.

आरार्किजीवशशिनन्दनशुक्रभागास्त्वोजे समीरपवनाष्टकशैलबाणा।
युग्मे समीरगिरिपन्नगपङ्चबाणास्त्रिंशांशकाः सितविदार्यशनिक्षमा-
जाः॥ ३७॥ (9)

ārārkijīvaśaśinandanaśukrabhāgāstvojesamīrapavanāṣṭakaśailabā
ṇā amīragiripannagapańcabāṇāstriṁśāṁśakāḥsitavidāryaśanikṣam
ājāḥ || 37|| (9)

Prevod: Trimšamša ili 1/30 deo koji se u neparnim znacima pripisu-
je Kuđi, Šaniju, Guruu, Budu i Šukri iznosi redom 5, 5, 8, 7 i 5. U
parnim znacima, Šukra, Bud, Guru., Šani i Kuđa imaju 5, 7, 8 5, i 5
stepni redom.

Komentar: Trimšamša znači 1/30 deo znaka, međutim, data kal-
kulacija deli znak na pet nejadnakih delova, što ne liči ni na jedan
prethodno dat model kalkulacije podelnih karti. Za razliku od
drugih vargi, Sunce i Mesec nemaju svoju vladavinu ni nad jednom
trimšamšom. Ovo je u oštroj suprotnosti sa hora kartom u kojoj
planete zauzimaju isključivo znake kojima vladaju Sunce ili Mesec.
Zato su preostalih pet planeta – Mars, Merkur, Jupiter, Venera i Sa-
turn vladari trimšamši. Ovih pet planeta predstavlja pet tatvi ili pet
elementarnih stanja života – agni, pritivi, akaša, đala i vaju redom
(videti tabelu dole).

Tabela 4: Trimšamša

Stepen	Neparni znak	Božanstvo	Stepen	Parni znak	Božanstvo
5°	Ovan	Agni	5°	Bik	Varuna
10°	Vodolija	Vaju	12°	Devica	Kubera
18°	Strelac	Indra	20°	Ribe	Indra
25°	Blizanci	Kubera	25°	Jarac	Vaju
30°	Vaga	Varuna	30°	Škorpija	Agni

Primer horoskopa: Računanje trimšamša karte

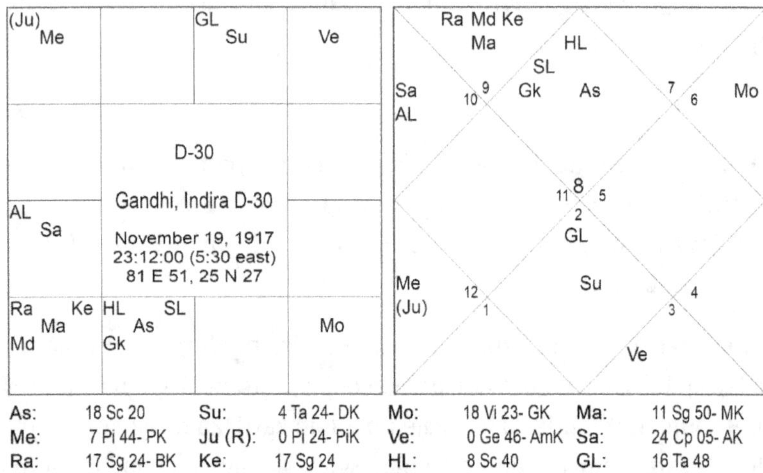

As:	18 Sc 20	Su:	4 Ta 24- DK	Mo:	18 Vi 23- GK	Ma:	11 Sg 50- MK
Me:	7 Pi 44- PK	Ju (R):	0 Pi 24- PiK	Ve:	0 Ge 46- AmK	Sa:	24 Cp 05- AK
Ra:	17 Sg 24- BK	Ke:	17 Sg 24	HL:	8 Sc 40	GL:	16 Ta 48

Pozicija planeta i lagne u raši čartu koriste se kao polazište za izračunavanje trimšamše istih.U horoskopu datom gore, lagna je na 25°37' Raka, parnom znaku i vidimo da trimšamša lagna pripada Škorpiji kojom vlada Mars.

Ista kalkulacija primenjuje se na sve preostale planete što je predstavljeno donjom tabelom:

Tabela 5: Računanje trimšamša karte

Planeta	Stepen	Trimšamša znak	Devata
Lagna	25°37'	Škorpija	Agni
Sunce	4°7'	Bik	Varuna
Mesec	5°31'	Devica	Kubera
Mars	16°22´	Strelac	Indra
Merkur	13°13'	Ribe	Indra
Jupiter	15°00'	Ribe	Indra

Venera	21°00′	Blizanci	Kubera
Saturn	21°47′	Jarac	Vaju
Rāhu	10°34′	Strelac	Indra
Ketu	10°34′	Strelac	Indra

Treba spomenuti da autor ne otkriva varijacije ove karte.
Trimšamša koju daje poznata je kao Parašara trimšamša dok se
mritju ili venkateša trimšamša ne spominje (varijacija ove podelne
karte u kojoj 1/30 deo znaka iznosi tačno jedan stepen). Razlog
ovome može biti taj što je celokupno delo Đataka pariđata veoma
odano *Sarvartra Čintamaniju* gde je opisana ova varga.

Trimšamša varga ili D-30 koristi se za opis zla proisteklih iz
naše prethodne karme i korespondira sa 6. kućom raši karte
(30=12+12+6). Poznata je kao otelotvorenje greha ili kao Papa
Puruša te stoga Sunce u Mesec, kao davaoci svetla, nisu uključeni u
vladarstva trimšamše. Esencijalni aspekt ove karte je zato u vezi sa
bolestima, slabostima (ripuima) kao i drugim oblicima patnje koji su
načini kazne za počinjenu lošu karmu. U ovoj vargi veliki značaj dat
je bolestima koje mogu biti niđa (unutrašnje) ili agantuka (spoljne)
kao i remedijalnim merama za njih. Zato se kaže da oni koji redovno
obožavaju panča Devata (pet Devata koje pročišćuju tatve) dobijaju
zaštitu od svih zala.

Trimšamša redosled u spomenutom obrascu je zasnovan na men-
strualnom ciklusu žena tokom kojeg postoje različite faze u periodi-
ma od 5, 5, 8, 7, i 5 lunarnih dana.

U stri đataki ovaj horoskop se koristi za procenu karaktera i čistote
žene, ali budući da se radi o nivou tatvi jednako je primenljiva i na
puruša đataku ili muški horoskop. Kroz menstrualni ciklus žena se
čisti zbog čega stiče moć stvaranja drugog ljudskog bića ili rađanja.

षष्ट्यंशकानामधिपास्त्वयुग्मे घोरांशकाद्यासुरदेवभागाः।
य इन्दुरेखादिशुभाशुभांशाः क्रमेण युग्मे तु यथाविलोमात्॥
३८॥(10)

şaşţyaṁśakānāmadhipāstvayugmeghorāṁśakādyāsuradevab-
hāgāḥ|
yaindurekhādiśubhāśubhāṁśāḥkrameṇayugmetuyathāvilomāt ||
38||(10)

घोरांशको राक्षसदेवभागौ कुबेरयक्षावलिकिन्नरांशाः।
भ्रष्टः कुलघ्नो गरलाग्निसंज्ञौ मायांशकः प्रेतपुरीशभागः॥ ३९॥ (11)

ghorāṁśakorākṣasadevabhāgaukuberayakṣāvalikinnarāṁśāḥ|
bhraṣṭaḥkulaghnogaralāgnisaṁjṣaumāyāṁśakaḥpretapurīśabhāgaḥ
|| 39|| (11)

अपांपतिर्देवगणेशभागः कालाहिभागावमृतांशचन्द्रौ।
मृद्वंशकः कोमलपद्मभानुर्लक्ष्मीशवगीशदिगंबरांशाः॥ ४०॥ (12)

apāṁpatirdevagaṇeśabhāgaḥkālāhibhāgāvamṛtāṁśacandrau|
mṛdvaṁśakaḥkomalapadmabhānurlakṣmīśavagīśadigaṁbarāṁśāḥ
|| 40|| (12)

देवार्द्रभागः कलिनाशसंज्ञः क्षितीश्वराख्यः कमलाकरांशः।
मन्दात्मजो मृत्युकरस्तु कालो दावाग्निघोरामयकंटआंशाः॥ ४१॥ (13)

devārdrabhāgaḥkalināśasaṁjṣaḥkṣitīśvarākhyaḥkamalākarāṁśaḥ |
mandātmajomṛtyukarastukālodāvāgnighorāmayakaṁṭaāṁśāḥ ||
41|| (13)

सुधामृतांशौ परिपूर्णचन्द्रो विषप्रदिग्धः कुलनाशभागः।
मुख्यास्तु वंशक्षयपातकांशौ कालस्तु सौम्यो मृदुशीतलां-
शौ॥ ४२॥ (14)

sudhāmṛtāṁśauparipūrṇacandroviṣapradigdhaḥkulanāśabhāgaḥ |
mukhyāstuvaṁśakṣayapātakāṁśaukālastusaumyomṛduśītalāṁśau
|| 42|| (14)

दंष्टरकरालेंदुमुखाप्रवीणाः कालाग्निदण्डायुधनिर्मलाख्याः।
शुभाकरोऽशोभनशीतलांशौ सुधापयोधिभ्रमणेन्दुरेखाः॥ ४३॥ (15)

daṁṣṭārakarāleṁdumukhāpravīṇāḥkālāgnidaṇḍāyudhanirmalāk-
hyāḥ |
śubhākaro›śobhanaśītalāṁśausudhāpayodhibhramaṇendurekhāḥ
|| 43|| (15)

Prevod: Demonski i božanski delovi (nabrojani u ovoj šloki) dati su
ovde, a među njima prva šaštjamša ili 1/60 deo neparnih znakova
zove se goramša. Blagonakloni i neprijateljski delovi računato od
Indureke u obrnutom redosledu vladaju šezdesetim delom parnih
znakova. Slede imena svih šezdeset šastjamši.

Komentar: Mudri autor inicira seriju šastjamša šloka (šloke 38-43)
objašnjavajući način na koji se ona definiše. Kaže da nazivi svih
šezdeset šastjamši u slučaju neparnih znakova počinju od goramše i
obrnuto od indurekamše za parne znakove.

Počinjući rečju šaštjamšaka a ne samo šaštjamša što bi bilo očekiva-
no kada se upućuje na podelnu kartu, autor otkriva jednu dodatnu
informaciju. Poznato je da je slog *kā* u sanskritu Brama akšara i da
se odnosi na kreaciju i time upućuje na to da amše ili podele treba
posmatrati i u odnosu na raši kartu (fizička kreaciju, telo osobe).
Iz ovoga izvlačimo osnovni princip – vladavinu planeta u raši karti
(D-1) potrebno je razmatrati u odnosu na njihovu šaštjamšu da bi
se bolje razumela njihova priroda kao asura ili deva. Ovaj princip
prožima *Đataka pariđatu*. Imajući na umu da je šaštjamša podelna
karta koja se bavi karmom prošlog života i još više darmom, darma
osobe u ovom životu može se analizirati primenom sledećeg prin-

cipa – vladar 9. kuće raši karte u amrita šaštjamši govori o tome da darma osobe ima kvalitet deva. Ona je u vezi sa lekovima i podsticanjem besmrtnosti što bi osoba trebalo da usvoji kao deo svoje darme.

Autor kaže da ovih 60 šaštjamši ili šezdesetih delova znaka upućuju na asura ili deva kvalitet. Ovo je velikim delom čitljivo iz značenja njihovih naziva u tabeli koja sledi:

Nazivi šaštjamši i njihova značenja

1. **Gora** - *časni, užasni, suptilni (bog Angiras, Rišiji), užasan, strašan, užasavajući, strahovit, nasilan, žestok.*

2. **Rakšasa** - koji pripada Rakšasama, demonski, uprljan demonima, jedan od 8 oblika brakova, nasilno otimanje ili silovanje devojke nakon poraza ili uništenja njene rodbine. Rakšasa ili demon generalno, zli ili zloćudni demon; za Rakšase se nekada smatra da su nastali iz stopala Brame i da je Ravana potomak Pulastje, inače se smatraju za decu Kase ili Surasa; prema nekima razlikuju se po klasama i neki od njih su polubožanske prirode ranga Jakšasa. Još jedna sličnost je sa Titanima ili nemilosrdnim neprijateljima bogova i treća je ona koja ih opisuje kao noćne demone, đavolke, gobline koji lutaju noću, obitavajući na grobljima, ometajući žrtve i čak proždirući ljudska bića; ova poslednja grupa se najčešće spominje; njihovo glavno prebivalište je Lanka na Cejlonu; u Rig Vedi 10.17. opisani su kao užasni.

3. **Deva** - nebeski, božanski (odnosi se i na zemaljska bića koja su izuzetna), božanstvo, bog (bogovi kao nebeska ili svetleća stvorenja – višvadeva, svi bogovi Rig Vede ili naročita klasa božanstava koja najčešće broji 33 ili 11 za sva tri sveta ili 8 Vasua, 11 Rudri i 12 Aditji (kojima se moraju dodati dva Ašvinija).

4. **Kubera** - u poznom sanskritu Kuvera. Ime vođe zlih bića ili duhova ili mraka koji ima ime Vaišravana, bog blaga i bogatstva (regent severnih odaja koje se zato zovu kubera-guptadiš). Poznat je kao sin Višrave, vođa Jakšasa i prijatelj Rudre; predstavljen je sa tri noge i svega osam zuba.

5. **Jakša** - ime živog natrpridnog bića, duhovno priviđenje, duh. Naziv za klasu polubogova (pratilaca Kubere, izuzetno i Višnua koji se opisuju kao sinovi Pulastje, Pulahe, Kašjape ili Krode), takođe nastali iz Braminih stopala, generalno se smatraju za bića benevolentne i neškodljive prirode kao Jakša u Kalidasinoj Megaduti, ponekad se grupiša sa pisačama i drugim zloćudnim duhovima a ponekad se kaže da izazivaju demonsku opsednutost.

6. **Kinara** - onaj koji obrađuje zemlju, odvratan čovek.

7. **Brašta** - onaj koji je pao ili ispao, koji je pao sa ili otpao od, pao sa neba, odnosno prognan na Zemlju. Slomljen, propadanje, uništen, nestao, izgubljen.

8. **Kulagna** - uništitelj porodice

9. **Garala** - otrov, otrov zmije

10. **Vani** - bilo koja životinja koja nosi ili vuče, konji, neko ko prenosi (odnosi se na kočijaša ili jahača ili na različite grupe bogova, naročito na Agnija, Indru, Savitri, Marutije, nosilac ili dostavljač ponuda bogovima (naročito važi za Agnija), vatra, žrtvena vatra, probavna vatra.

11. **Maja** - umetnost, mudrost, izuzetna ili natprirodna sposobnost, iliuzija, nestvarno, obmana, prevara, veštičarenje, smicalice, nestvaran ili iluzorni lik, fantom, priviđenje, duplikat, personifikacija iluzije (ponekad se identifikuje sa Durgom, ponekad kao ćerka Anrita i Niriti ili Niriti i majke Mrtjua, ćerka Adarme.

12. **Purišaka** - zemlja, kopno, puzajući, izgubiti zemlju, smeće

(moguće i ono što puni nasuprot onome što otiče, suprotno od tečno), ruševine, bilo šta čime se pune pukotine, izmet, izlučevine, đubre, disk, orbita.

13. **Apampati** - okean.

14. **Maruta** - koji je posećen od strane Maruta, Indra sin Darme sa Marutvatijem, klasa bogova koji se smatraju za decu Darme ili Manua od Manuvati, ćerka Dakše, žena Darme.

15. **Kala** - crne boje, tamno plava, crna ili tamno plava boja, otrovna zmija Coluber Naga (kalasarpa), planeta Saturn, koji potiče od Šive, od Rudre, od sina Hrada, Rakšasa, neprijatelj Šive, planina, od Dakšine ćerke (majke Kaleja ili Kalakeja kao familije Asura).

16. **Sarpa** - puzeći, gmizajući, kradući, uzduž, zmija, zmijski demon.

17. **Amrita** - koji nije mrtav, neuništiv, prelep, voljen, besmrtan, bog, Šivin.

18. **Induka** - broj Meseca, svetleći krug oko Meseca, koji je voljen od strane Meseca.

19. *Mridu* - mekan, delikatan, nežan, savitljiv, mekan, slab, krhak, tanak, umeren.

20. **Komala** - koji brzo bledi, nežan, mekan, blag, sladak, prijatan, šarmantan, prihvatljiv .

21. **Heramba** - koji pripada Ganeši, bivo.

22. **Brama** - sveštenik, samopostojeći duh, apsolut, kreator univerzuma, Brama je u vezi sa glasom A u svetoj mantra AUM.

23. **Višnu** - održavalac univerzuma, u vezi sa glasom U u svetom slogu AUM.

24. **Mahešvara** - veliki gospodar, vladar, vođa bogova, veliki bog, atribut Šive. U vezi sa glasom M u svetom slogu AUM.

25. **Deva** - nebeski, božanski (odnosi se na i na zemaljska bića koja su izuetna), božanstvo.

26. **Ardra** - mokro, vlaga, sveže, četvrta ili šesta nakšatra.

27. **Kalinaša** - uništena loza, kraj porodične loze.

28. **Kšitiša** - vladar zemlje, kralj.

29. **Kamalakara** - gomila lotosa, jezero ili bazen u kojem rastu lotosi.

30. **Gulika** - Saturnov sin, personifikacija otrova koji ili pijemo ili dajemo drugima da piju.

31. **Mritju** - smrt, umiranje (nabrojane su različite smrti, 100 od bolesti ili nesreća i jedna prirodna od starosti), personifikacija smrti, bog bolesti (ponekad se identifikuje kao Višnu ili se kaže da je sin Adarme i Niriti ili Brame ili Kali i Maje), nosi očevo ime kao Pradvansana i Samprajana, nekad se smatra za Vjasu u 6. dvapari ili kao učitelj.

32. **Kala** - crno, tamne boje, tamno plavo, potiče od Šive ili od Rudre.

33. **Davagni** - šumski požar.

34. **Gora** - časni, užasni, suptilni (bog Angiras, Rišiji), užasan, strašan, užasavajući, strahovit, nasilan, žestok.

35. **Yama** - -prvi čovek rođen od Vivasvata, Sunca i njegove žene Saranju dok je njegov brat, sedmi manu, još jedan oblik prvog čoveka sin Vivasvata i Samđnje, slika Saranje. Njegova sestra bliznakinja je Jami sa kojom odoleva seksualnoj vezi i od koje je žaljen posle smrti zbog čega bogovi da bi joj pomogli da g a zaboravi stvaraju noć; u Vedama poznat je kao kralj, onaj koji okuplja ljude i vlada umrlim očevima na nebu, put koji čuvaju dva šarena psa, velikih njuški, sa četiri oka; deca Sarame; u postvedskoj

mitologiji on je sudija, onaj koji zadržava ili kažnjava mrtve i poznat je kao darmarađa u tom kontekstu ili darma i odgovara grčkom Hadu i Minosu; usmerava dušu kada napousti telo. Opisan je kao obučen u krvavo crvenu odeću, sa svetlucavom krunom na glavi, blistavih očiju i poput Varune drži laso kojim vezuje duše nakon što ih izvuče iz tela; veličine ljudskog palca; inače se opisuje kao mračan, zelene boje, obučen u crveno, jaše na bivolu i u jednoj ruci drži buzdovan a u drugoj laso; u kasnijoj mitologiji uvek se opisuje kao užasno božanstvo koje podvrgava mučenju odlazeće duše, jedan je od 8 čuvara sveta kao vladar južnih odaja, vladar je nakšatre apabarani ili barani, tobožnji autor himne Višnuu iz Rig Vede i zakonika.

36. **Kantaka** - šiljat, vrh čiode ili igle, trn, žaoka, neujednačenost ili grubost, bilo koja problematična, bunotovna osoba (koja je takva kakva jeste, neprijatelj reda i dobre vladavine), tričav, neprijatelj, neprijatelj generalno.

37. **Sudha** - blagostanje, udobnost, komfor.

38. **Amrita** - koji nije mrtav, besmrtan, neuništiv, lep, voljen.

39. **Pumanišakara** - pun Mesec.

40. **Višadagda** - viša=sluga, pratilac, nešto aktivno, otrov, propast, pogubno; dagda=spaljen, spžen, izgoreo, mučen, obuzet tugom ili gladi.

41. **Kulanta** - kraj porodice.

42. **Vamšakšaja** - propadanje porodice.

43. **Utpata** - letenje, skakanje, skok, uzdizanje, dizanje, iznenadni događaj, neočekivana pojava.

44. **Kala** - crne boje, tamno plava, crna ili tamno plava boja, otrovna zmija Coluber Naga (kalasarpa), planeta Saturn, koji potiče

od Šive, od Rudre, od sina Hrada, Rakšasa, neprijatelj Šive, planina, od Dakšine ćerke (majke Kaleja ili Kalakeja kao familije Asura).

45. **Soumja** - u Rig Vedi onaj koji pripada Somi (nektar ili žrtva ili bog Meseca), u vezi sa Somom, koji ima njegove kvalitete, hladan i vlažan nasuprot agneja koji je vruć i suv, koji podseća na Mesec, smiren, nežan, blag, povoljan, srećan, prijatan, veseo.

46. **Komala** - koji brzo bledi, nežan, mekan, blag, sladak, prijatan, šarmantan, prihvatljiv.

47. **Šitalaba** - hladan, svež, osvežavajući, koji drhti, zaleđen, bez strasti, miran, neuzbudljiv, nežan, emocija koja ne izaziva bolne osećaje.

48. **Karaladamštra** - koji ima strašne zube.

49. **Ćandra** - sijajući, svetleći (poput zlata), koji ima blistavost ili boju svetlosti (bogova, vode), Mesec.

50. **Pravina** - vešt, pametan, upućen u nešto, verziran u nečemu.

51. **Kalapavaka** - crne boje, tamno plava, crna ili tamno plava boja, otrovna zmija Coluber Naga (kalasarpa), planeta Saturn, koji potiče od Šive, od Rudre, od sina Hrada, Rakšasa, neprijatelj Šive, planina, od Dakšine ćerke (majke Kaleja ili Kalakeja kao familije Asura); Pavaku=čist, jasan, svetao, svetleći (poput Agnija, Surje, drugih bogova, vode), pročišćujući, koji čisti.

52. **Dandabrin** - koji nosi palicu, grnčar, Jama.

53. **Nirmala** - besprekorno, neokaljano, čisto, svetleće, sijajuće, zaslepljujuće, bezgrešno, moralno.

54. **Saumja** - u Rig Vedi onaj koji pripada Somi (nektar ili žrtva ili bog Meseca), u vezi sa Somom, koji ima njegove kvalitete, hladan i vlažan nasuprot agneja koji je vruć i suv, koji podseća na Mesec, smiren, nežan, blag, povoljan, srećan, prijatan, veseo.

55. **Krura** - ranjen, povređen, upaljen, krvav, sirov, okrutan, oštar, besan, grub, zastrašujući, nepovoljan kao suprotnost soumji.

56. **Atišitala** - posle ili izvan hladnoće, nakon zime.

57. **Amrita** - živ, besmrtan, neuništiv, lep, voljen.

58. **Pajodi** - koji prima vodu, okean, rođen iz mora.

59. **Bramanakja** - nepoznati bramana, loše reputacije.

60. **Ćandrareka** - Mesečeva mena.

om tat sat

Vaišešikamša i rezultati drugih specijalnih vargi

अथ दयवर्गजाताः संज्ञाविषेषाः।
athadayavargajātāḥsaṁjñāviyeṣāḥ |

मूलत्रिकोणस्वगृहोच्चभागवर्गोत्तमानां दशवर्गजानाम्।
mūlatrikoṇasvagṛhoccabhāgavargottamānāṁdaśavargajānām |

संयोगजातोत्तमनामपूर्वा वैशेषिकंशा इति वदन्ति॥ ४४॥
saṁyogajātottamanāmapūrvāvaiśeṣikaṁśāītivadanti || 44||

Prevod: Oni (mudraci) kažu da vaišešikamša ili deo velike izuzetnostl počinje utamom (sledeća šloka) koja nastaje kombinacijom (specijalnih karakteristika) mulatrikone, svakšetre, uče i vargotame koje proističu iz deset vargi.

Komentar: Ovde, autor koristi reč vaišešikamša koja znači specijalan, neobičan, poseban, karakterističan. Vaišešikamša se odnosi na posebnu kombinaciju koju čine planete u vargama. Da bismo ustanovili princip ovde, autor daje reference na dostojanstva planeta. Potrebno je da znamo ova dostojanstva prvo da bismo nastavili sa vaišešikamšom.

1. **Uča** – Egzaltacija planete je najviša darma koju planeta može da ima. Znak egzaltacije je znak gde će se planeta osećati prijatno, ovo je njeno omiljeno mesto. Za egzaltirane planete tradicionalno se kaže da su poput Šri Višnua i znamo da Parašara, u drugom poglavlju *Brihat Parašara hora šastre*, daje listu veze između planeta i avatara Šri Višnua. U 3. poglavlju iste knjige, šloka 49/50[35], Parašara Muni je dao znake i tačne stepene egzaltacije svake planete. Odjeci ovoga mogli su se čuti u Đataka pariđati i do sad.

2. **Mūlatrikona** je dostojanstvo zasnovano na radnim sposobnostima planete. Koreni (mula) karma joge pridruženi planeti su njena mulatrikona. U **šlokama** 51-55 *Brihat Parašara hora* **šastre** Parašara je dao ova dostajanstva. Donja tabela sumira njegovo izlaganje:

Planeta	Mulatrikona	Stepen
Sunce	Lav	0-20
Mesec	Bik	3-27
Mars	Ovan	0-12
Merkur	Devica	15-20
Jupiter	Strelac	0-10
Venera	Vaga	0-15
Saturn	Vodolija	0-20
Rahu	Devica	
Ketu	Ribe	

---

35   meṣo vṛṣo mṛgaḥ kanyā karko mīnastathā tulā |
sūryādīnāṁ kramādete kathitā uccarāśyaḥ || 49||
bhāgā daśa trayo'ṣṭāśvyastithyo'kṣā bhamitā nakhāḥ |
uccāt saptamabhaṁ nīcaṁ tairevāṁśaiḥ prakīrtitam || 50||

3. Svakšetra ili svoj znak je mesto koje je dom ili kuća planete. Ovo dostojanstvo čini da se planeta oseća veoma prijatno.

Planeta	Svakšetra i stepen
Sunce	Lav 20-30
Mesec	Ceo Rak
Mars	Cela Škorpija i Ovan od 12 do 30 stepeni
Merkur	Celi Blizanci i Devica od 20 do 30 stepeni
Jupiter	Strelac od 10 do 30 stepeni i cele Ribe
Venera	Ceo Bik i Vaga od 15 do 30 stepeni
Saturn	Vodolija od 20 do 30 steeni i ceo Jarac
Rahu	Vodolija
Ketu	Škorpija

4. Vargotama[36].

Šadvarga se koristi u horarnoj astrologiji ili prašni. Saptavarga u muhurti, dašavarga u manušja đataki i šodašavarga u rađa đataki (Harihara, 1980). U ovoj šloki autor referiše eksplicitno na dašavarga šemu koja se koristi u manušja đataki (horoskopu ljudskih bića). Prema tome, kada planeta postane snažna (ima visoko dostojanstvo) u dve ili više vargi, ona daje različite efekte.

उत्तमं तु त्रिवर्गैक्यं चातुर्वर्गन्तु गोपुरम्।
वर्गपङ्चकसंयोगं सिंहासनमिहोच्यते॥ ४५ ॥

uttamaṁtutrivargaikyaṁcāturvargantugopuram |
vargapañcakasaṁyogaṁsiṁhāsanamihocyate || 45||

---

36   Ref. komentar šloke 34

Prevod: Udruženost tri varge zove se utama. Udruženost četiri varge je gopura. Kombinacija pet vargi je simhasana.

Komentar: Kada se gore pomenute kombinacije dostojanstava ponavljaju u više od jedne podelne karte, ona daje specifične rezultate.

- Utama znači najuzvišeniji, osnovni, najbolji i izvrsni. Dviđotama znači najbolji od dvaput rođenih, odnosno bramina. U svom delu BPHŠ u poglavlju 77 (o gunama) Parašara koristi ovu reč da opiše osobu sa dominacijom satva gune u ličnosti. Prema tome, kada planeta ima visoko dostojanstvo u tri podelne karte unutar dašavarga sistema, ona postiže status utama.

- Gopura znači ulaz u hram. Odnosi se na prolaz do viših loka ili prebivališta.

- Simhasana se odnosi na sedište lava, kraljevo sedište ili tron.

वर्गद्वयं पारिजातं षण्णां पारावतांशकः।
ससमं देवलोकः स्यादष्टमं च तथा भवेत्॥ ४६॥
ऐरावतं तु नवकं फलं तेषां पृथक् पृथक्॥ १२॥

vargadvayaṁpārijātaṁṣaṇṇāṁpārāvatāṁśakaḥ |
saptamaṁdevalokaḥsyādaṣṭamaṁ ca tathābhavet || 46||
airāvataṁtunavakaṁphalaṁteṣāṁpṛthakpṛthak || 12||

Prevod: Udruženost dve varge zove se pariđata. Šest vargi zove se paravatamša. Kada se doda sedma varga, to je devaloka. Sa osam vargi je takođe devaloka. Dodavanjem devete, dostižemo ajravatu. Efekti ovih kombinacija su posebni i različiti.

Komentar:

- Pariđata je ime jednog od pet vrsta drveća raja nastalih tokom bućkanja okeana i koje je u vlasništvu Indre od kojeg je kasnije oduzeto od strane Krišne.

- Paravata znači udaljen, izmešten, koji dolazi iz daljine, strani. Može označavati planinu i odnositi se na Deve u vremenu Manu Svaročiša

- Devaloka znači prebivalište Deva. U Puranama, ovaj termin opisuje Svargaloku sa Indrom kao kraljem.

- Ajravata se odnosi na ime Nage ili mitske zmije: može značiti i nastao iz okeana. To je naziv Indrinog slona (koji se smatra pretkom slonova kao vrste i podržavaocem istočnog pravca)

- Ovde uočavamo malu razliku u odnosu na *Brihat Parašara hora šastru*. U BPHŠ vaišešikamše u dašavargi su:

Dostojanstva	Dašavarga
Dva	Pariđatamša
Tri	Utamamša
Četiri	Gopuramša
Pet	Simhasanamša
Šest	Paravatamša
Sedam	Devalokamša
Osam	Bramalokamša
Devet	Ajravatamša
Deset	Šridamamša

Vidimo da Parašara koristi termin Bramalokamša kada je planeta u visokom dostojanstvu u osam podelnih karti. Takođe, Parašara je jedini autor koji daje efekte šridamamše. U ovoj knjizi, ta vaišešikamša je izostavljena. Mahariši Parašara kaže da se planeta koja vlada bilo kojom kendrom od aruda lagne takođe smatra jakom.

Ove vaišešikamše se u daljem tekstu koriste da bi se njima objasnile mnoge planetarne kombinacije, naročito one koje se tiču moći, bogatstva i dugovečnosti. Navešćemo samo jedan primer iz BPHŠ, da bismo videli na koji način se ovo može primeniti:

गोपुरांशे गुरौ केन्द्रे शुक्रे पारावतांशके।
त्रिकोणे कर्कटे लग्ने युगान्तायुस्तदा द्विज॥ ५७॥

gopurāṁśeguraukendreśukrepārāvatāṁśake |
trikoṇekarkaṭelagneyugāntāyustadādvija || 57||

Prevod: Osoba rođena sa Rak lagnom živeće do kraja juge ako je Jupiter u kendri i pritom se nalazi u gopuramši, dok je pritom Venera u koni i nalazi se u paravatamši.[37]

Primer horoskopa: Šri Aurobindo

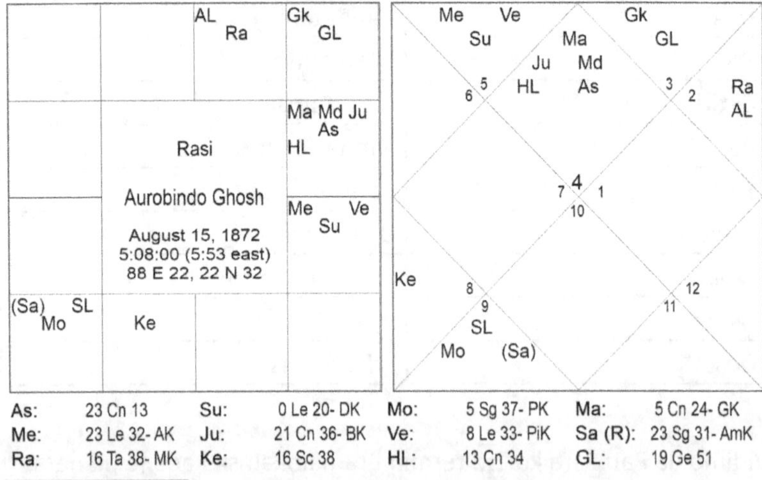

As:	23 Cn 13	Su:	0 Le 20- DK	Mo:	5 Sg 37- PK	Ma:	5 Cn 24- GK
Me:	23 Le 32- AK	Ju:	21 Cn 36- BK	Ve:	8 Le 33- PiK	Sa (R):	23 Sg 31- AmK
Ra:	16 Ta 38- MK	Ke:	16 Sc 38	HL:	13 Cn 34	GL:	19 Ge 51

---

37   Mahariši Parašara (1999, poglavlje 47) *Brihat Parašara hora šastra*, Sagar publikacije.

U horoskopu Šri Aurobinda (15. avgust, 1872. u 5:08:00 am,
Vremenska zona: 5:53:00 Istočno od GMT, Mesto: 88 E 22', 22
N 32'), u dašavargi planeta Jupiter dostiže gopuramšu. Mahariši
Parašara podučava da ukoliko je vladar darme (u ovom slučaju
Jupiter) u gopuramši, osoba će izvoditi žrtvene rituale, što je
zasigurno dokazano u slučaju Šri Aurobinda.

अथषड्वर्गाः सप्तवर्गश्चा।

athaṣadvargāḥsaptavargaścā |

विलग्नहोराद्रेष्काणनवांशद्वादशांशकाः॥ ४७॥
त्रिंशांशकश्च षड्वर्गः शुभकर्मसु शस्यते।
सप्तांशयोगः षड्वर्गः सप्तवर्गोऽभिधीयते॥ ४८॥
जातकेषु च सर्वेषु ग्रहाणां बलकारणम्॥ १२॥

vilagnahorādreṣkāṇanavāṁśadvādaśāṁśakāḥ || 47||
triṁśāṁśakaścaṣadvargaḥśubhakarmaṁsuśasyate |
saptāṁśayogaḥṣaḍvargaḥsaptavargo'bhidhīyate || 48||
jātakeṣu ca sarveṣugrahāṇāṁbalakāraṇam || 12||

Prevod: Raši, hora, drekana, navamša, dvadašamša i trimšamša
nazivaju se šadvarga i koriste se da bi se odredili povoljni periodi za
poduhvate. Kada se šadvargi doda saptamša, dobija se saptavarga.
Saptavarga je izvor snage svakog horoskopa.

Komentar: Šadvarga se koristi u prašni i pokazuje kako će se stvari
odvijati vremenom. Veoma je korisna u proceni zdravlja. Kada se
doda saptamša, pokazuje kreaciju stvari. To je razlog zašto je mu-
hurta veoma važno oruđe đotiša, ali u horoskopima rođenja, grupa
od sedam vargi korisna je kao način da se ispita porodična sreća.

Harihara nam u Prašna margi, u poglavlju 1, šloki 38 daje smernice o tome.

सुखदुःखकरं कर्म शुभाशुभ मुहुर्तजम्।
जन्मान्तरेपि तत् कुर्यत् फलं तस्यान्वयेपि वा॥

sukhaduḥkhakaraṁ karma śubhāśubhamuhurtajam |
janmāntarepi tat kuryatphalaṁtasyānvayepivā ||

Prevod: Ono što se čini u povoljnom momentu rezultuje srećom. Ono što se čini u nepovoljno vreme, rađa zlo. Koliko god da su naša dela udaljena u vremenu, porodica će sigurno iskusiti rezultate.

Ovim, veliki autor Đataka pariđate, Šri Vaidjanata Dikšita, zaključuje svoje delo o znacima, njihovim različitim podelama stvarajući okosnicu znanja o podelnim karta (vargama).

om tat sat

Bibliografija

Acharya, D. S. 1996. *Muhurta Chintamani*, izdanje iz 2003., prevod G. C. Sharma. New Delhi: Sagar Publications.

Jaimini, M. 1997. *Jaimini Maharishi's Upadesa Sutras,* prevod S. Rath. New Delhi: Sagar Publications.

O'Connor, J. J. & Robertson, E. F. 2003. *Jules Henri Poincaré.* Preuzeto sa: The MacTutor History of Mathematics archive: http://www-history.mcs.st-andrews.ac.uk/Mathematicians/ Poincare.html

Parashara, M. 1999. *Brihat Parashara Hora Shastra,* prevod G. C. Sharma. New Delhi: Sagar Publications.

Rath, S. 2007. *A Course on Jaimini Maharishi's Upadesa Sutra.* New Delhi: Sagittarius Publications.

Rath, S. 2008. *Brhat Nakshatra.* New Delhi: Sagittarius Publications.

Rath, S. 2004. Bṛhat Parāsara Horā śāstra: Rāśi. *Singapore SJC Conference.* Singapore: Sri Jagannath Centre.

Rath, S. 2002, 08. *Foundation of Jyotiṣa.* Preuzeto 25. 12. 2009. sa srath.com: http://srath.com/om/index.php?option=com_co ntent&view=article&id=181:foundation-of-vedic-astrology-the- philosophy&catid=81&Itemid=122

Rath, S. 2009. Jyotiṣa Ratna. Gemstone Conference. Grass Valley, CA: Sri Jagannath Center.

Rath, S. 2007. Kāraka Review.

O autoru

Njena rana ljubav prema duhovnoj literaturi i đotišu inspirisali su je da prevede pet knjiga svog gurua na svoj maternji jezik. Saradnik je u đotiš magazinu The Jyotish Digest i jednom nedeljno objavljuje svoje đotiš novine.

Njena duboka vera je da je znanje snaga koja deljenjem postaje jača. Posvećena je ličnom razvoju i duhovnom rastu koji đotiš kao deo drevnog vedskog znanja može pružiti svima. Inspirisana je vedanta učenjima Šri Ramakrišne Mata i Šri Šarade Mat odakle je primila i duhovnu dikšu 2019.

Sa mužem Vistijem i njihova dva sina živi u Kopenhagenu u Danskoj.

Stupite u kontakt sa Brankom

Ukoliko ste u potrazi za još izvora o đotišu, posetiti veb stranicu - **www.brankaastro.com**